A PRÉ-CONSTITUIÇÃO DA PROVA NO ÂMBITO DOS JUIZADOS ESPECIAIS FEDERAIS

LUCAS MEDEIROS GOMES

Prefácio
Milena Inês Sivieri Pistori

A PRÉ-CONSTITUIÇÃO DA PROVA NO ÂMBITO DOS JUIZADOS ESPECIAIS FEDERAIS

Belo Horizonte

2025

© 2025 Editora Fórum Ltda.

É proibida a reprodução total ou parcial desta obra, por qualquer meio eletrônico, inclusive por processos xerográficos, sem autorização expressa do Editor.

Conselho Editorial

Adilson Abreu Dallari
Alécia Paolucci Nogueira Bicalho
Alexandre Coutinho Pagliarini
André Ramos Tavares
Carlos Ayres Britto
Carlos Mário da Silva Velloso
Cármen Lúcia Antunes Rocha
Cesar Augusto Guimarães Pereira
Clovis Beznos
Cristiana Fortini
Dinorá Adelaide Musetti Grotti
Diogo de Figueiredo Moreira Neto (*in memoriam*)
Egon Bockmann Moreira
Emerson Gabardo
Fabrício Motta
Fernando Rossi
Flávio Henrique Unes Pereira

Floriano de Azevedo Marques Neto
Gustavo Justino de Oliveira
Inês Virgínia Prado Soares
Jorge Ulisses Jacoby Fernandes
Juarez Freitas
Luciano Ferraz
Lúcio Delfino
Marcia Carla Pereira Ribeiro
Márcio Cammarosano
Marcos Ehrhardt Jr.
Maria Sylvia Zanella Di Pietro
Ney José de Freitas
Oswaldo Othon de Pontes Saraiva Filho
Paulo Modesto
Romeu Felipe Bacellar Filho
Sérgio Guerra
Walber de Moura Agra

FÓRUM
CONHECIMENTO JURÍDICO

Luís Cláudio Rodrigues Ferreira
Presidente e Editor

Coordenação editorial: Leonardo Eustáquio Siqueira Araújo / Thaynara Faleiro Malta
Revisão: Aline Almeida
Projeto gráfico: Walter Santos
Capa e Diagramação: Formato Editoração

Rua Paulo Ribeiro Bastos, 211 – Jardim Atlântico – CEP 31710-430
Belo Horizonte – Minas Gerais – Tel.: (31) 99412.0131
www.editoraforum.com.br – editoraforum@editoraforum.com.br

Técnica. Empenho. Zelo. Esses foram alguns dos cuidados aplicados na edição desta obra. No entanto, podem ocorrer erros de impressão, digitação ou mesmo restar alguma dúvida conceitual. Caso se constate algo assim, solicitamos a gentileza de nos comunicar através do *e-mail* editorial@editoraforum.com.br para que possamos esclarecer, no que couber. A sua contribuição é muito importante para mantermos a excelência editorial. A Editora Fórum agradece a sua contribuição.

Dados Internacionais de Catalogação na Publicação (CIP) de acordo com ISBD

G633p	Gomes, Lucas Medeiros
	  A pré-constituição da prova no âmbito dos juizados especiais federais / Lucas Medeiros Gomes. Belo Horizonte: Fórum, 2025.
	  113p. 14,5x21,5cm
	
	  ISBN impresso 978-65-5518-908-7
	  ISBN digital 978-65-5518-902-5
	
	  1. Prova pré-constituída. 2. Ata notarial. 3. Gerenciamento dos processos judiciais. 4. Juizados especiais federais. I. Título.
	  CDD: 342
	  CDU: 342

Ficha catalográfica elaborada por Lissandra Ruas Lima – CRB/6 – 2851

Informação bibliográfica deste livro, conforme a NBR 6023:2018 da Associação Brasileira de Normas Técnicas (ABNT):

GOMES, Lucas Medeiros. *A pré-constituição da prova no âmbito dos juizados especiais federais*. Belo Horizonte: Fórum, 2025. 113p. ISBN 978-65-5518-908-7.

A Deus, por me conceder o dom da vida, por me permitir dar este salto e por ter me abençoado com uma família e amigos maravilhosos.

Com muito orgulho dedico esta pesquisa de mestrado aos meus pais, por terem me oportunizado os estudos desde cedo, principalmente, minha mãe que, sendo pedagoga, desde o berço, ensinou-me o valor dos estudos, da leitura e do autodidatismo, com o objetivo de obter a independência de espírito, social e principalmente achar o indivíduo sem perder a socialidade ínsito às instituições sociais.

Dessa forma, gostaria de compartilhar todo meu sucesso, com meus pais, meu irmão, meus sobrinhos, que a cada videochamada trazem pureza de caráter e vivificação de espírito, lembrando o quanto pueril e amável é a excitação de novos projetos abraçados com a alegria do olhar de uma criança.

E, por fim, ao meu orientador, que às custas de seu tempo de dedicação às suas atividades e *hobbies*, mostrou-se sempre atencioso, crítico, porém amável, e paciente no desenvolver deste trabalho, permitindo durante a caminhada final do mestrado o estudo da Dissertação, unindo a teoria à práxis do magistrado, agregando seu conhecimento e técnica.

Aos meus pais, irmãos e, principalmente, a Jesus Cristo.

LISTA DE ABREVIATURAS E SIGLAS

Ac. Acórdão
al. Alínea
apud Em
art. Artigo
arts. Artigos
CC Código Civil (Portugal/Brasil)
CF Constituição Federal (Brasil)
CPC Código de Processo Civil/Codice di Procedura Civile/Code de Procédure Civile
CPR Civil Procedure Rules (Código de Processo Civil Inglês)
ed. Edição
Ibid. Ibidem (Mesma Obra)
OAB Ordem dos Advogados do Brasil
Op. Cit. Opus citatum (Obra citada anteriormente)
p. Página/Páginas
STF Supremo Tribunal Federal (Brasil)
STJ Supremo Tribunal de Justiça
ss. Seguintes
Trad. Tradução
Trib. Tribunal
Vol. Volume

SUMÁRIO

PREFÁCIO
Milena Inês Sivieri Pistori 13

INTRODUÇÃO 17

SEÇÃO I
O DIREITO POSTO E O DIREITO QUE BUSCAMOS CONSTRUIR

CAPÍTULO 1
FINALIDADES DO PROCESSO JUDICIAL 23
1.1   As formas de acesso à Justiça e suas idealizações 25
1.2   As soluções consensuais nos Juizados Especiais Federais 28
1.3   O reflexo da "democratização" do processo judicial nos seus princípios 34
1.4   Estruturação do Poder Judiciário e a evolução legislativa brasileira 35
1.5   Breve histórico dos Juizados Especiais Federais 35

SEÇÃO II
A REALIDADE FÁTICA

CAPÍTULO 2
A ALTA TAXA DE CONGESTIONAMENTO DOS PROCESSOS NOS JUIZADOS ESPECIAIS FEDERAIS 41
2.1   A alta taxa de congestionamento dos processos nos JEF's, os problemas e as consequências na entrega da prestação jurisdicional 42
2.2   A "ordinarização de procedimentos" em varas comuns, com JEF adjunto 49

SEÇÃO III
MECANISMOS DE SUPERAÇÃO DESTA CRISE DO JUDICIÁRIO

CAPÍTULO 3
O MODELO COOPERATIVO DE PROCESSO E O SISTEMA DE PRECEDENTES 53

3.1   O modelo cooperativo e comparticipativo do processo civil brasileiro 53

CAPÍTULO 4
A *DISCOVERY* COMO EXPERIÊNCIA NO DIREITO NORTEAMERICANO E ANGLOSAXÃO 67

4.1   Procedimentos formalistas e suas consequências: lentidão do trâmite processual, morosidade e inefetividade da justiça 75

CAPÍTULO 5
A PRÉ-CONSTITUIÇÃO DA PROVA NO ÂMBITO DOS JUIZADOS ESPECIAIS FEDERAIS 79

5.1   Conceito de prova 79
5.2   Fase e a prova pré-processual 82
5.3   Produção de depoimentos por vídeo com perguntas obrigatórias 85
5.4   Ata notarial e a produção de provas antecipada 92

CONSIDERAÇÕES FINAIS 99

REFERÊNCIAS 103

PREFÁCIO

É com grande prazer que eu, Milena Inês Sivieri Pistori, analista judiciária e diretora de secretaria das varas-gabinetes dos Juizados de Campo Grande, tenho a honra de escrever este prefácio para o livro intitulado "A PRÉ-CONSTITUIÇÃO DA PROVA NO ÂMBITO DOS JUIZADOS ESPECIAIS FEDERAIS", de autoria de Lucas Medeiros Gomes.

Este trabalho representa uma contribuição valiosa para os Estudos de Direito Econômico e Social e surge em um momento crucial para o nosso sistema jurídico brasileiro.

Minha ligação com o autor, Lucas, remonta a um período em que compartilhamos experiências e reflexões no Juizado Especial Federal de Campo Grande, estado de Mato Grosso do Sul.

Durante esse tempo em que trabalhamos juntos, tive a oportunidade de conhecer a mente brilhante por trás deste livro, além de poder compartilhar com ele minha vasta experiência de mais de 15 anos em Juizados Especiais e quase 20 anos na Justiça Federal, da perspectiva também do servidor público. Essa troca de conhecimento e ideias moldou nossas perspectivas sobre o Direito e influenciou a pesquisa que você está prestes a explorar, agora emoldurada em livro.

Na Introdução, o autor apresenta uma análise abrangente da situação atual dos Juizados Especiais Federais, destacando o problema do congestionamento processual. Ele também compartilha sua motivação e os objetivos da pesquisa. O congestionamento processual é uma chaga no Judiciário brasileiro. A estrutura estatal não comporta a demanda, evidenciando uma cultura de litigiosidade cada vez mais acentuada na nossa sociedade.

Na segunda seção, com o título "O Problema do Congestionamento Processual nos Juizados Especiais Federais", Lucas aprofunda sua análise sobre o tema, explorando suas causas e consequências. Ele também expressa de forma vívida a profunda angústia e a sensação de impotência que muitas vezes o acometeram diante de um problema que parece insuperável. Como bem apontou o jurista Chiovenda, *"o processo não é um fim em si mesmo, mas um meio para a realização do direito material"* (Chiovenda, 2002).

Na terceira seção, sobre "A Teoria da Prova no Contexto Jurídico", o autor explora a teoria da prova, destacando sua importância no processo judicial e como ela pode ser a solução para finalizar o conflito de forma eficiente. Ele discute conceitos-chave e revisa a literatura jurídica relevante.

Na quarta seção, Lucas examina a aplicação do modelo anglo-saxão da prova pré-constituída no contexto dos Juizados Especiais Federais no Brasil. Ele oferece *insights* sobre como essa abordagem pode ser adaptada ao nosso ordenamento jurídico, demonstrando a possibilidade de sua aplicabilidade, ainda que com 'tempero brasileiro'.

Na quinta seção, "Alternativas para a Pré-Constituição da Prova nos Juizados Especiais Federais", o autor apresenta propostas inovadoras para lidar com o congestionamento processual, incluindo o uso de ata notarial, produção de vídeo e adaptação de institutos estrangeiros. Lucas propõe um caminho para acelerar o acesso à justiça, mantendo a busca pela verdade, a pacificação social, a celeridade e a justeza como pilares fundamentais. Como ressalta Cândido Rangel Dinamarco, "*o processo justo é aquele em que se procura a verdade real, com a máxima economia processual*" (Dinamarco, 2018).

Nas "Considerações Finais", o livro não se limita à identificação do congestionamento processual. Lucas propõe abertura do acesso à justiça, como também a promoção de meios alternativos de solução de controvérsias, como a conciliação e a dispensa de audiências de instrução e julgamento, especialmente em casos que envolvem benefícios previdenciários e assistenciais, quando há a pré-constituição da prova. Nesse sentido, Nelson Nery Junior destaca que "*o processo civil moderno busca a conciliação das partes e a rápida solução do litígio, sem prejuízo da qualidade da decisão*" (Nery Junior, 2017).

Ao longo deste livro, o autor conceitua o papel da prova e explora suas várias fases de produção, lançando luz sobre a literatura jurídica correlata.

Essa abordagem meticulosa e aprofundada é um dos aspectos que torna este livro uma leitura essencial para acadêmicos, profissionais do direito e todos aqueles interessados em melhorar a eficiência e a eficácia do sistema de justiça. Como pontua José Carlos Barbosa Moreira, "*a prova não é um fim em si mesma, mas um meio para alcançar a justiça*" (Moreira, 2007).

Nesse contexto, é interessante refletir sobre a aplicação do modelo anglo-saxão da prova pré-constituída. Esse modelo, amplamente utilizado nos sistemas jurídicos dos Estados Unidos e do Reino Unido, permite que as partes apresentem evidências prévias ao julgamento, acelerando o processo e reduzindo a necessidade de longas audiências de instrução.

O livro de Lucas Medeiros Gomes explora, com clareza, como essa abordagem poderia ser adaptada e aplicada no âmbito dos Juizados Especiais Federais no Brasil, onde o congestionamento processual é uma preocupação central.

Por fim, convido você, caro leitor, a mergulhar neste livro, e a explorar as ideias inovadoras, bem como as propostas pragmáticas de Lucas Medeiros Gomes, aprofundando sua leitura no livro completo, pois este trabalho não se limita a uma reflexão teórica para enfrentar um dos desafios reais encontrados no nosso sistema judiciário.

Nele você encontrará uma análise detalhada, dados convincentes e uma visão perspicaz das soluções propostas sobre um dos problemas enfrentados pelos Juizados Especiais Federais.

Campo Grande, 03 de outubro de 2021.

Milena Inês Sivieri Pistori
Analista Judiciária na Justiça Federal
de Mato Grosso do Sul

Citações:
Chiovenda, P. *Instituições de direito processual civil*. Campinas: Bookseller, 2002. v. I.
Moreira, J. C. B. *Novo processo civil brasileiro*. São Paulo: Malheiros Editores, 2007.
Dinamarco, C. R. *Instituições de direito processual civil*. São Paulo: Malheiros Editores, 2018. v. I.
Nery Junior, N. *Código de Processo Civil comentado e legislação extravagante*. 21. ed. São Paulo: Revista dos Tribunais, 2017.

Milena Inês Sivieri Pistori
Outubro de 2023

INTRODUÇÃO

A presente obra tem como objetivo apresentar três propostas de ferramentas para reduzir o congestionamento processual nos Juizados Especiais Federais, visando ampliar o acesso à justiça e diminuir as pautas de audiências de instrução e julgamento. Essas medidas também têm o intuito de agilizar os julgamentos e aumentar o número de acordos celebrados, dentro de uma perspectiva de análise econômica do direito.

Uma das abordagens discutidas neste trabalho é a utilização da prova pré-constituída pelas partes em fases pré-processuais ou no estágio inicial das fases processuais. Isso visa acelerar a instrução e facilitar o acesso aos benefícios previdenciários e assistenciais, que compõem a maioria dos casos nos Juizados Especiais Federais.

Essas propostas surgem como resposta ao alto índice de congestionamento nos Juizados Especiais Federais, cujos dados foram obtidos por meio do estudo das taxas gerais divulgadas pelo Conselho Nacional de Justiça. A análise econômica do direito foi utilizada como referencial teórico, sem adentrar de forma aprofundada na teoria dos jogos, a fim de manter a coerência com o escopo deste trabalho.

Os dados levantados foram obtidos a partir do sítio eletrônico Justiça Aberta, abrangendo vários anos, para demonstrar o aumento da demanda nos Juizados Especiais Federais. No entanto, não se selecionou um ano específico, pois a comprovação empírica do congestionamento dos JEFs não é o objetivo central desta obra.

Diante desse problema, a hipótese levantada é a internalização da instrução preparatória no ordenamento jurídico brasileiro por meio de duas vias: (i) o uso inovador e disruptivo dos instrumentos já existentes no processo civil brasileiro, como a ata notarial e a produção de vídeos com formulários de perguntas obrigatórias com finalidade documental; e (ii) a institucionalização legislativa da *discovery* americana ou do protocolo inglês. No entanto, essas últimas serão abordadas em um trabalho futuro, pois não é objetivo deste estudo propor aprofundamentos legislativos.

Portanto, a proposta defendida neste trabalho é um mecanismo para reduzir a alta litigiosidade no Brasil e aumentar a eficiência do Judiciário. Essas medidas serão aplicadas principalmente no campo previdenciário-assistencial, embora não se restrinjam apenas a essa área.

Embora os acordos não sejam o foco central deste trabalho, observa-se que, na teoria dos jogos, a produção probatória antecipada já trará embasamento jurídico para acordos, contestações com impugnações específicas ou até mesmo tutelas antecipadas sólidas contra a Autarquia Previdenciária.

Dessa forma, o autor espera que o leitor tenha uma abertura criativa e disruptiva para pensar criticamente além da formalidade em si e concentrar-se no acesso efetivo à justiça, rápido e legítimo, conforme abordado no primeiro capítulo. Em outras palavras, enfatizar a função social da prestação jurisdicional, levando em consideração um tempo razoável de tramitação processual, sem impedir o acesso à justiça, mas ponderando o "tempo de fila" e a natureza alimentar da maioria das verbas discutidas nos JEFs, relacionadas a benefícios previdenciários e assistenciais.

Para tanto, foi colocado, com o propósito de analisar a Justiça e sua estruturação, especialmente dos JEFs, no primeiro capítulo, abordando seus ideais, evolução legislativa, importância e finalidades, como a pacificação social, e, a partir disso, foram exploradas as ondas de acesso à Justiça, de Mauro Cappelletti.

Nos capítulos seguintes, foram apresentados os obstáculos ao exercício concreto do direito ao acesso à ordem jurídica equânime e um planejamento reflexivo-prático sobre como operacionalizar o programa normativo constitucional de acesso às cortes, especialmente no âmbito dos JEFs.

É importante observar que o problema apresentado é multifatorial, e não foram analisadas todas as suas causas devido aos limites deste trabalho. Em outras palavras, é preciso destacar que a alta judicialização previdenciária e assistencial também ocorre devido a causas sociais, como a busca de renda mínima em meio a crises econômicas agravadas durante a pandemia SARS-CoV-19, mudanças tecnológicas, partidárias e governamentais polarizadas. No entanto, este trabalho não se aprofundará neste caminho, uma vez que as ferramentas aqui sugeridas têm o objetivo de ampliar o acesso a esses direitos de forma mais ágil.

Nesse sentido, dada a delimitação temática deste estudo, a baixa qualificação profissional de grande parte da população brasileira não será objeto de pesquisa separada, embora seja um fator que contribui para a dificuldade de reinserção no mercado de trabalho. Isso não impede a possibilidade de aprofundamento posterior sobre o assunto.

Outro ponto a ser ressaltado é a complexidade da legislação previdenciária, que passou por múltiplas reformas, incluindo uma grande alteração de suas bases por meio da Emenda Constitucional nº 103/2019, tornando difícil o seu entendimento e aplicação, não apenas para os operadores do direito, mas também para os jurisdicionados.

É preocupante o fato de que, em sua grande maioria, os juízes não passam por capacitação em Administração cartorial e/ou de Secretaria, desde o processo seletivo, para aprimorar suas habilidades de gestão. No entanto, este estudo elenca três alternativas como sugestão para lidar com o abarrotamento de processos judiciais nos JEFs, sem abordar a complexidade das legislações previdenciárias, pois essas ferramentas podem ser utilizadas em outros assuntos processuais. Além disso, não se aborda a capacitação de juízes, uma vez que o congestionamento é um problema multifatorial que não se limita a esse aspecto humano.

Assim sendo, é importante assinalar que são propostos instrumentos não artesanais, ou seja, ferramentas mais adequadas ao rito dos juizados, a fim de evitar uma "ordinarização procedimental", o que será tratado em item específico deste trabalho.

Nesse contexto, o Código de Processo Civil de 2015 (CPC) traz à tona, no art. 6º, os princípios constitucionais de cooperação processual, efetividade e decisão de mérito justa, explorados em capítulo próprio deste estudo. Esses modelos foram detalhados com o objetivo de analisar suas implicações processuais nos JEFs.

Dessa forma, o cenário deste trabalho parte do abarrotamento do Judiciário devido ao grande número de demandas. Para solucionar esse congestionamento, optou-se por estimular o crescimento de sistemas cooperativos e procedimentos alternativos para resolver conflitos, judiciais ou extrajudiciais, como a conciliação regulada pela Lei nº 13.140/2015, a ata notarial, a implementação dos sistemas de *discovery* ou do protocolo inglês por meio de um oficial de justiça e a produção de vídeos com perguntas obrigatórias em formulários construídos por meio de convênio interinstitucional.

Nesse sentido, a produção antecipada de provas (PAP) extrajudicial reduziria o tempo processual, estimulando a conciliação e a mediação, ao caminhar em direção a uma desjudicialização com subsídios para uma resolução dialogada da relação conflituosa, antes mesmo do ajuizamento da demanda.

Atualmente, a antecipação extrajudicial da PAP, no âmbito dos juizados especiais federais, especialmente em relação às audiências de instrução e julgamento, que possuem pautas para anos após o recebimento da inicial, atrasando a efetivação dos direitos previdenciários e assistenciais de milhares de jurisdicionados, está de acordo com o acesso à justiça, cuja concepção será abordada no início desta pesquisa.

Com base na Resolução nº 125/2010, aliada aos Provimentos CNJ nº 67/2018 e CNJ nº 72/2018, essa medida proposta não é uma novidade no ordenamento jurídico brasileiro que demande nova produção legislativa, embora possa ser analisada sob outras perspectivas.

No modelo proposto neste trabalho, a atuação do advogado é mantida, inclusive fortalecida, possibilitando a realização de acordos judicialmente homologados, depoimentos ou até mesmo a concessão do direito de forma célere por via administrativa.

Além disso, é importante ressaltar que o descumprimento de um título executivo judicial, uma vez homologado, acelerará ainda mais a concretização dos direitos previdenciários, assistenciais e outros sob a alçada dos JEFs, dentro do sistema de liberdade de provas, apoiado no direito ao acesso a informações públicas, certidões e transparência.

Também é possível utilizar a ata notarial como ferramenta alternativa, a qual possui fé pública, autenticidade e presunção de veracidade, sendo um meio de produção de prova antecipada.

Neste trabalho, a Lei nº 13.105/2015, que instituiu o Código de Processo Civil (CPC), não será distinguida como CPC/15 ou CPC/73, uma vez que estamos no ano de 2023. Por essa razão, não há utilidade, na visão do autor, em utilizar o termo "novo" CPC.

SEÇÃO I
O DIREITO POSTO E O DIREITO QUE BUSCAMOS CONSTRUIR

CAPÍTULO 1

FINALIDADES DO PROCESSO JUDICIAL

Neste primeiro capítulo, serão abordadas as finalidades do processo judicial, uma vez que seu objetivo é alcançar uma decisão justa e correta, priorizando a verdade dos fatos e uma interpretação adequada do Direito. Em outras palavras, busca-se a pacificação social.

Nesse contexto, José Afonso da Silva (2022, n.p) afirma que o propósito e a estruturação da justiça estão relacionados ao acesso à justiça, que está descrito no artigo 5º, XXXV, da Constituição da República Federativa do Brasil de 1988 (CFRB), enquadrado entre os Direitos e Garantias Fundamentais, mais especificamente nos Direitos Individuais.

Assim, Silva (2022, n.p) destaca que as prestações positivas oferecidas pelo Estado, direta ou indiretamente, proporcionam melhores condições de vida aos jurisdicionados, intrincadas com o direito à igualdade. Isso ocorre porque essas prestações são pressupostos para o exercício dos direitos individuais, pois criam condições materiais mais favoráveis para o desfrute da igualdade real, contribuindo para a conquista e o exercício efetivo da liberdade.

Por sua vez, Sarlet (2015, n.p) afirma que os direitos mencionados caracterizam-se pela densificação do princípio da justiça social, em que a intervenção estatal ocorre para compensar uma desigualdade social. Assim, na Constituição Federal de 1988, há um extenso rol de direitos voltados para a implementação do bem-estar social, da igualdade e da solidariedade, todos com eficácia imediata, de acordo com o art. 5º, parágrafo 1º, da CFRB.

Nesse sentido, Sarlet (2015, n.p) continua afirmando que, por meio de políticas públicas, o poder público tem o dever e a capacidade de fornecer e concretizar os serviços públicos, como a jurisdição exercida pelos diversos órgãos da Justiça, observando o princípio da continuidade dos serviços públicos, sem hierarquização em relação aos demais direitos protegidos, devido ao princípio da relatividade dos direitos fundamentais.

Dessa forma, é fundamental a integração harmônica de diversas políticas públicas, visando conciliar a duração razoável do processo e sua celeridade com o acesso à Justiça, partindo do parâmetro já estabelecido por esse autor em outros trabalhos, de que o acesso à Justiça deve ser visto como o acesso a uma solução justa e rápida para o conflito, independentemente do processo judicial em si. Tudo isso visa garantir aos cidadãos a efetivação plena dos direitos sociais previdenciários.

Assim, identificar as finalidades do processo implica compreender as desigualdades existentes na comunidade da Subseção, para onde a prestação jurisdicional é direcionada, a fim de favorecer o acesso à justiça dos hipossuficientes processuais.

A partir disso, percebe-se que a justiça, no sentido estrito, já foi mencionada como complemento ideológico do funcionamento repressivo estatal, enquanto se propugna como finalidade processual de forma mitigada. A verdade, tanto sob o aspecto formal quanto material, já foi considerada uma finalidade dos processos judiciais, o que é posto à prova ao se considerar que a constatação da possível verdade factual, dentro dos limites cognitivos processuais.

A apuração correta dos fatos constitui a premissa principal do silogismo jurídico, pois a não reconstrução fiel dos fatos ocorridos impede a tomada de decisões justas, rápidas e "verdadeiras" (revisitadas sob a perspectiva da reserva do possível), prejudicando a pacificação social.

Considerando a deficiência probatória e da própria instrução judicial, o máximo que se alcança reside em fragmentos factuais sob a perspectiva dos atores jurídicos e dos sujeitos processuais, todos participantes da hermenêutica processual, em que pese as provas serem direcionadas ao juízo.

Tendo isso em conta, em especial nos JEF's, sem perder de vista a imparcialidade do juiz, observando vulnerabilidades e hipossuficiências processuais, conforme acima levantado, poderá/deverá o juiz adotar postura mais ativa com maiores iniciativas elencadas no artigo 139 do CPC, I, VIII, como paridade de armas e determinação de comparecimento pessoal das partes. A inteligência teleológica do código processual, no entanto, mantém a vulnerabilidade sob a proteção da Defensoria e Ministério Público, atendendo ao princípio da inércia e da congruência.

Diante do exposto, de maneira geral, o processo judicial tem como objetivo encontrar a verdade dos fatos, a fim de tomar uma decisão justa e correta, dentro de um prazo razoável e rápido, promovendo, dessa forma, a pacificação social em um contexto de acessibilidade à justiça.

1.1 As formas de acesso à Justiça e suas idealizações

O acesso à justiça, como princípio e direito fundamental (art. 5º, XXXV, da CFRB), manifesta-se de diversas formas ou ondas renovatórias, conforme doutrinado por Mauro Cappelletti e Bryant Garth.

Nesse sentido, a Constituição Federal reconheceu a importância desse princípio, estabelecendo que o Poder Judiciário não pode ser excluído da apreciação de lesões ou ameaças a direitos, garantindo que todos possam utilizar os meios adequados para a resolução de conflitos (Brasil, 1988).

Por conseguinte, o Código de Processo Civil (art. 98) estabeleceu que aqueles que não possuem recursos financeiros para arcar com as custas, despesas processuais e honorários advocatícios terão direito à gratuidade do acesso à justiça, possibilitando o livre exercício desse direito constitucional (Brasil, 2015). Nesse sentido, é relevante abordar a corroboração de Cappelletti (1988, p. 16) sobre o tema, ao afirmar que os altos custos também atuam como uma barreira poderosa no sistema.

A primeira onda da justiça, por exemplo, consiste na assistência jurídica aos pobres, prevista no inciso LXXIV do art. 5º, que estabelece que o Estado fornecerá assistência jurídica integral e gratuita àqueles que comprovarem insuficiência de recursos.

Dessa forma, é importante observar que o princípio refere-se à assistência jurídica e não à assistência judiciária, termo utilizado pela legislação anterior à Constituição Federal de 1988.

Portanto, essa assistência deve ser prestada de forma integral, proporcionando o acesso necessário não apenas para ingressar em juízo, mas também incluindo assessoria preventiva e extrajudicial em todas as áreas em que haja demanda jurídica.

Perpassando por esse contexto, sem aprofundá-lo para não se desviar do tema, é cediço que as Defensorias carecem de falta de estrutura, principalmente em estados que a instalaram há pouco, como em Santa Catarina. Com poucos integrantes dos quadros, raramente comparecem em mediações e conciliações, o que não ocorre em estados em que já há presença forte da Defensoria, como no Rio de Janeiro.

De todo modo, conforme o artigo 134, da Constituição Federal, a "Defensoria Pública é instituição permanente, essencial à função jurisdicional do Estado, incumbindo-lhe, como expressão e instrumento do regime democrático, fundamentalmente, a orientação jurídica, a promoção dos direitos humanos e a defesa, em todos os graus, judicial e extrajudicial, dos direitos individuais e coletivos, de forma integral e gratuita, aos necessitados, na forma do inciso LXXIV do art. 5º desta Constituição Federal".

Por sua vez, a Emenda Constitucional nº 80/2014, que alterou o Capítulo IV – Das Funções Essenciais à Justiça, do Título IV – Da Organização dos Poderes, e acrescentou artigo ao Ato das Disposições Constitucionais Transitórias da Constituição Federal, estatui que:

> Art. 98. O número de defensores públicos na unidade jurisdicional será proporcional à efetiva demanda pelo serviço da Defensoria Pública e à respectiva população.
> §1º No prazo de 8 (oito) anos, a União, os Estados e o Distrito Federal deverão contar com defensores públicos em todas as unidades jurisdicionais, observado o disposto no caput deste artigo.
> §2º Durante o decurso do prazo previsto no §1º deste artigo, a lotação dos defensores públicos ocorrerá, prioritariamente, atendendo as regiões com maiores índices de exclusão social e adensamento populacional.

Para não cairmos em falsas promessas constitucionais, sem força normativa, de se observar certa mobilização das Defensorias na estruturação federal e estadual, o que não é objeto do presente trabalho, porém não poderíamos passar ao largo dele sem menção própria.

Cappelletti (1988, p. 7-8) afirma que a expressão 'acesso à justiça' é reconhecidamente de difícil definição, mas serve para determinar duas finalidades básicas do sistema jurídico – o sistema pelo qual as pessoas podem reivindicar seus direitos e/ou resolver seus litígios sob os auspícios do Estado. Primeiro, o sistema deve ser igualmente acessível a todos; segundo, ele deve produzir resultados que sejam individual e socialmente justos.

Essa melhoria do acesso à justiça ocorreu em diferentes ondas de movimentos renovatórios, conforme descrito por Cappelletti e Bryant Garth (1988, s.n).

A primeira onda mencionada refere-se ao aspecto econômico da justiça, buscando, por meio da assistência judiciária gratuita, remover os obstáculos gerados pelas custas processuais, para que as pessoas menos favorecidas tenham a mesma representação jurídica que outras teriam no sistema privado.

Dando continuidade ao mesmo raciocínio, Fux (2004, p. 41) assevera que o Estado se tornou o responsável exclusivo em proporcionar o acesso à justiça, dado o seu monopólio da jurisdição, sendo impelido de viabilizar e efetivamente "dizer o direito" aos jurisdicionados, distribuindo a justiça àqueles que a invoca. Bem por isso, o autor afirma que o acesso à justiça se trata de um princípio democrático e social.

Por conta disso, não se deve analisá-lo apenas sob o viés de direito individual, mas sim como essencial para todo um sistema igualitário, na medida em que abrange os demais princípios processuais na busca da justiça social.

Por este ângulo, Watanabe (1988, p. 1) destaca que o acesso à Justiça não pode ser restringido aos acanhados limites dos órgãos judiciais já existentes; pois, para este autor, esse direito-princípio não se refere somente ao acesso à Justiça enquanto instituição estatal, dado que deve viabilizar o acesso à ordem jurídica justa.

No entanto, como já citado na introdução deste estudo, mesmo que se ampare a gratuidade de justiça, por si só, essa medida não supera os obstáculos para efetivar o direito sob exame, porque o acesso gratuito não redunda na concretização dos direitos quando a análise processual se perde em numerosos anos de duração, a exemplo das pautas de audiências, onde são agendadas instruções para 2 (dois) ou mais anos depois do protocolo da exordial.

Nesse tom, ainda, Rui Barbosa, em Oração aos Moços (1921, s.n.), de modo contundente reverbera que a justiça atrasada não é justiça, senão injustiça qualificada e manifesta, porque a dilação ilegal nas mãos do julgador contraria o direito escrito das partes, e, assim, as lesa no patrimônio, honra e liberdade.

Em seguida, existiu um movimento renovatório objetivando passar a barreira de acesso aos interesses difusos e transindividuais, definidos como aqueles relativos aos consumidores e ao meio ambiente, por exemplo, os quais não eram protegidos pelo processo civil tradicional.

E, nesse tom, em que pese não seja objeto do presente trabalho estudar todas as ondas da justiça, indo além do trabalho de Cappelletti e Garth, já se falam em 07 (sete) ondas da justiça, conforme explica Marcos Martins de Oliveira (Conjur, 2023).

Ainda, o autor narra que a segunda onda supera a visão individualista para suplantá-la pela visão macro, isto é, a tutela coletiva (direitos metaindividuais). Por sua vez, a terceira onda reside nos meios alternativos de solução de conflitos, e técnicas procedimentais efetivas, como a conciliação.

Por fim, o autor cita:

> Em 2019 Bryant Garth idealizou o Global Access to Justice Project, projeto ainda em desenvolvimento, tratando de mais quatro novas ondas renovatórias à luz dos paradigmas do novo século: "(...) 4. A 'quarta onda' (dimensão): ética nas profissões jurídicas e acesso dos advogados à justiça; 5. A 'quinta onda' (dimensão): o contemporâneo processo de internacionalização da proteção dos direitos humanos; 6. A 'sexta onda' (dimensão): iniciativas promissoras e novas tecnologias para aprimorar o acesso à justiça; 7. A 'sétima onda' (dimensão): desigualdade de gênero e raça nos sistemas de justiça".

Segundo Watanabe (1988, p. 131), a ideia do acesso à justiça tem ganhado outras contemplações, que envolvem, além da garantia do direito pretendido, o acesso livre à justiça, sem que o ônus financeiro impeça o cidadão de ter um trâmite justo e razoável de seu processo.

Ou seja, diz o autor citado acima que isso se refere à compreensão conjunta de todo um sistema, mas que não se deve pensar somente no sistema de resolução de conflitos através de adjudicação da solução pela autoridade estatal (Watanabe, 1988, p. 132).

1.2 As soluções consensuais nos Juizados Especiais Federais

Dentro de algumas expectativas de segurança e justiça, com preocupação com a composição de litígios e a realização de direitos, a Constituição Federal de 1988, no seu artigo 5º, incisos XXXV, LIV e LXXVIII, consagrou o acesso à justiça, o devido processo legal e a celeridade processual, respectivamente.

Por sua vez, dentro do sistema processual civil, essa constitucionalização repercutiu fortemente nos institutos e princípios processuais no que tange à busca de efetividade no sentido de uma prestação jurisdicional mais adequada e satisfatória, de modo que se buscou aumentar o acesso à justiça.

Há diversos fatores que levam à crise do Judiciário, dentre eles, o acréscimo do acervo de processos sem o correlato aumento de produtividade e recursos humanos, materiais e tecnológicos. Assim, existe um déficit qualitativo e quantitativo na prestação jurisdicional, comprometendo o processo como um instrumento de transformação e pacificação social, reduzindo a confiança da população no judiciário.

Em vista dessa jurisdição defasada e insuficiente, juntamente com a sobrecarga do judiciário, impôs-se a criação de uma política pública abrangente de tratamento adequado aos conflitos, pela qual houvesse um filtro de litigiosidade e um afastamento do centralismo jurídico como o primeiro e único remédio para tutela de direitos.

Seguindo um modelo inovador, os juizados e os Centros de Conciliação (CECON's) representaram o engajamento da justiça federal com o compromisso na remoção dos obstáculos ao acesso à justiça.

Com foco nas causas de baixa relevância econômica e menor potencial ofensivo, os juizados especiais federais vieram cumprir dois objetivos principais: ampliar o escopo de atuação da Justiça Federal, aproximando-a da sociedade, de um lado; e tornar o processo judicial mais célere, garantindo efetividade à prestação jurisdicional de outro (IPEA, 2012, p. 11).

Sendo assim, pautando-se pelos princípios da celeridade, simplicidade, informalidade, oralidade e economia processual, (artigo 2º da Lei nº 9.099/1995, aplicáveis por extensão aos JEF's), os JEF's oferecem aos jurisdicionados a gratuidade das custas judiciais, a dispensabilidade de representação legal em primeira instância até 20 salários mínimos, devendo ainda, buscar sempre que possível a conciliação ou a transação.

Destarte, a preocupação com dados estatísticos da Justiça brasileira apenas iniciou-se a partir da estruturação da Advocacia-Geral da União, momento em que começou a editar súmulas administrativas, as quais asseguraram aos representantes judiciais a possibilidade de não recorrerem de decisões relativas a matérias já consolidadas pela jurisprudência.

Nesse mesmo momento, admitiu-se a transação em determinadas causas, a exemplo do que está previsto na Lei Complementar nº 101, sendo ela promulgada para equacionar os transtornos orçamentários, provocados pelas decisões que determinaram a correção dos saldos das contas vinculadas ao FGTS pelos planos Bresser e Collor.

Até essa ocasião, aqueles que eram responsáveis pela advocacia pública federal nunca haviam acenado para solucionar as milhares de causas perdidas e os recursos meramente protelatórios que afogavam o Poder Judiciário, mormente as cortes superiores, redundando em gastos desnecessários com a máquina estatal.

Coloca-se em evidência, do ponto de vista estritamente jurídico, a indisponibilidade dos bens públicos que, só por si, não denota a impossibilidade de transação, em que pese não seja objeto deste trabalho aprofundar sobre sua atenuação, bem como sobre seus consectários, como a ausência dos efeitos materiais da revelia, dentre outros temas.

A Lei nº 11.033/2004 também autorizou os procuradores da Fazenda Nacional a requererem a extinção das execuções de honorários advocatícios devidos à União de valor igual ou inferior a R$1.000,00 (um mil reais), pois verificou-se que o custo dessas causas seriam mais altos que a dispensa do crédito.

Neste ditame, encontra-se um dos pontos mais importantes no que tange à atuação dos Juizados Especiais Federais, residindo dentro da valorização das medidas conciliatórias.

Assim, há de se ver que a criação dos juizados trouxe diversas melhorias ao sistema jurisdicional, ao permitir que uma enorme demanda de casos, antes reprimidos, fosse judicializada.

No que tange à conciliação nos Juizados, que é a matéria aqui estudada, entende-se que sua positivação no CPC e na Resolução CNJ nº 125, em que pese fundamental, por si só, não foi suficiente para que este método passasse a ser aplicado largamente, conforme se demonstra através da experiência passada com os Juizados Especiais Federais Cíveis.

De acordo com Xavier e Savaris (2014, p. 34), quando foi concebido o microssistema dos Juizados Especiais, por meio da Lei nº 9.099/1995, supôs-se estar diante de um mecanismo de superação do processo pelo consensualismo (Lei nº 9.099/1995, artigo 2º) e pela decisão final proferida em audiência de conciliação, instrução e julgamento.

Xavier e Savaris (2014, p. 34) partiram do princípio de que a regra seria a composição amigável e a decisão judicial apenas a exceção, construindo-se todo um arcabouço de princípios e regras com prestígio à concentração dos atos em audiência, com menos apego à formalidade, envidando-se todos os esforços para a solução do litígio nesse momento processual, mas dizem os autores que a prática não refletiu essa perspectiva legislativa.

Deste modo, conforme Volpi (2011, p. 140), esta iniciativa "(...) deve ser acompanhada de outras medidas que visem a incutir nos operadores do direito e nos jurisdicionados o espírito conciliatório", visto que "a tarefa de conciliar é muita maior e mais profunda do que simplesmente 'desafogar o Judiciário'".

Em suma, os JEF's surgiram em conformidade com o princípio constitucional do acesso à justiça, notadamente a 3ª onda de justiça citada anteriormente, a qual teve como objetivo resgatar a acessibilidade ao Judiciário nas causas repetitivas e de menos complexidade protagonizadas pelos entes públicos, através de decisões céleres e da valorização das medidas conciliatórias.

No mesmo sentido aqui proposto, o CPC, em 2015, pautou-se na simplificação dos procedimentos e dos ritos processuais, bem como na diminuição das vias recursais e em outras medidas, a fim de se obter celeridade processual (Serau, Jr; Donoso, 2012, p. 31).

A título de acréscimo, vislumbra-se como ponto positivo da implementação das medidas a serem propostas neste trabalho a redução do manejo do mandado de segurança para impelir o Instituto Nacional de Seguro Social – INSS a julgar os processos administrativos nos Serviços de Centralização do Atendimento de Demandas Judiciais de Benefícios – CEAB-DJ – em 45 (quarenta e cinco) dias, conforme os termos do acordo realizado recentemente no INSS, Supremo Tribunal Federal – STJ e Ministério Público Federal – MPF, em clara lide estrutural e de estado de coisas inconstitucionais.

Nessa senda, no Recurso Extraordinário nº 1.171.152/SC, interposto em face de acórdão proferido pelo Tribunal Regional Federal da 4ª Região, acerca do Tema 1066 da Repercussão Geral, formalizou-se a petição ARESV/PGR nº 294561/2020, de 16.11.2020, cujo termo de acordo judicial restou homologado pelo STF.

Entende-se desta forma que o estudo da aplicação da conciliação nos Juizados Especiais Federais Cíveis, em que pese suas peculiaridades, traz relevantes reflexões acerca deste instituto e sua aplicação ao processo civil tradicional, conforme preconizado pelo CPC.

Apesar de extremamente louváveis as reformas implementadas no ordenamento constitucional e processual civil, não foram suficientes para alcançar o ideal dos mecanismos processuais, sendo necessário ainda aperfeiçoar institutos, a fim de possibilitar que o processo seja mais célere e eficaz.

Dentro das expectativas de segurança e justiça, com preocupação com a composição de litígios e a realização de direitos, a Constituição Federal de 1988 consagrou o acesso à justiça (art. 5º, incisos XXXV, LIV e LXXVIII), o devido processo legal e a celeridade processual.

Essa constitucionalização teve um forte impacto nos institutos e princípios processuais dentro do sistema processual civil, com o objetivo de buscar efetividade e uma prestação jurisdicional adequada, ampliando assim o acesso à justiça.

Existem diversos fatores que levam à crise do Judiciário, como o aumento do acervo de processos sem um correspondente aumento de produtividade e recursos humanos, materiais e tecnológicos. Isso gera um déficit tanto qualitativo quanto quantitativo na prestação jurisdicional, comprometendo o processo como um instrumento de transformação e pacificação social, além de reduzir a confiança da população no Judiciário.

Diante dessa situação defasada e insuficiente da jurisdição, juntamente com a sobrecarga do Judiciário, tornou-se necessário criar uma política pública abrangente para o tratamento adequado dos conflitos, que envolvesse um filtro de litigiosidade e uma diminuição do centralismo jurídico como única solução para a tutela dos direitos.

Seguindo um modelo inovador, os juizados e os Centros de Conciliação (CECON's) representaram o engajamento da Justiça Federal no compromisso de remover os obstáculos ao acesso à justiça. Os juizados especiais federais foram criados com foco em causas de baixa relevância econômica e menor potencial ofensivo, com dois objetivos principais: ampliar a atuação da Justiça Federal, aproximando-a da sociedade, e tornar o processo judicial mais rápido, garantindo efetividade à prestação jurisdicional (IPEA, 2012).

Assim, pautados pelos princípios da celeridade, simplicidade, informalidade, oralidade e economia processual (artigo 2º da Lei nº 9.099/1995, aplicáveis aos JEF's), os JEF's oferecem aos jurisdicionados a gratuidade das custas judiciais, dispensando a representação legal em primeira instância para causas de até 60 salários mínimos, para causas cíveis, nos moldes do artigo 10, da Lei nº 10.259/2001 e corroborado pela ADI nº 3.168, de Relatoria do Min. Joaquim Barbosa, julgada em 08.06.2006.

No contexto da valorização das medidas conciliatórias, os Juizados Especiais Federais desempenham um papel importante. No entanto, é preciso reconhecer que a jurisdicionalização da conciliação, por si só, não foi suficiente para que esse método fosse amplamente aplicado, como demonstra a experiência passada com os Juizados Especiais Federais Cíveis (Xavier e Savaris, 2014).

É fundamental que iniciativas como essas sejam acompanhadas por outras medidas que visem incutir nos operadores do direito e nos jurisdicionados o espírito conciliatório, indo além do simples objetivo de desafogar o Judiciário, ou seja, a tarefa de conciliar vai além disso e requer um compromisso maior em solucionar os litígios de forma amigável, promovendo a cultura da conciliação.

Em suma, os JEF's surgiram com base no princípio constitucional do acesso à justiça, representando a terceira onda de justiça mencionada anteriormente. Seu objetivo principal foi resgatar a acessibilidade ao Judiciário em casos repetitivos e de menor complexidade envolvendo entes públicos, por meio de decisões rápidas e valorização das medidas conciliatórias.

Nesse mesmo sentido, o Código de Processo Civil de 2015 também se pautou na simplificação dos procedimentos, redução de recursos e outras medidas, visando à celeridade processual (Serau Jr; Donoso, 2012).

Além disso, destaca-se como ponto positivo a redução do uso de mandados de segurança para compelir o Instituto Nacional de Seguro Social (INSS) a julgar os processos administrativos nos Serviços de Centralização do Atendimento de Demandas Judiciais de Benefícios (CEAB-DJ) em 45 dias.

Essa medida está em consonância com o recente acordo entre o INSS, o Supremo Tribunal Federal (STF) e o Ministério Público Federal (MPF), visando solucionar uma lide estrutural e o estado de coisas inconstitucionais.

Diante disso, no Recurso Extraordinário nº 1.171.152/SC, interposto em face de acórdão do Tribunal Regional Federal da 4ª Região, discute-se sobre temas relacionados à implementação dessas medidas. É importante ressaltar que a implementação dessas propostas deve ser acompanhada por outras ações que estimulem o espírito conciliatório nos operadores do direito e nos jurisdicionados, pois a conciliação vai além de apenas desafogar o Judiciário.

Em resumo, os Juizados Especiais Federais representam uma importante iniciativa em conformidade com o princípio constitucional do acesso à justiça. No entanto, é necessário promover uma cultura conciliatória mais ampla e adotar medidas complementares para que esses métodos sejam efetivamente aplicados, garantindo assim a eficiência e a qualidade da prestação jurisdicional.

1.3 O reflexo da "democratização" do processo judicial nos seus princípios

Para compreender o reflexo da democratização do processo judicial nos seus princípios, é importante abordar os princípios da motivação das decisões judiciais e do contraditório. O princípio da motivação das decisões judiciais, previsto na Constituição Federal (Brasil, 1988) em seu artigo 93, inciso IX, e também descrito no artigo 11 e 489 do Código de Processo Civil (Brasil, 2015), determina que todos os julgamentos dos órgãos do Poder Judiciário sejam públicos e as decisões sejam fundamentadas, sob pena de nulidade.

Nesse contexto, há uma estreita relação entre os princípios da motivação das decisões judiciais e do contraditório material. O inciso IV, §1º do artigo 489 do CPC, estabelece que as decisões judiciais devem enfrentar todos os argumentos apresentados pelas partes no processo, sendo que a ausência desse enfrentamento pode levar à falta de fundamentação. Essa questão foi posteriormente mitigada pela jurisprudência dos tribunais.

Assim, para que uma decisão seja considerada fundamentada, o juiz deve levar em consideração todas as alegações das partes. É nesse ponto que se destaca a democratização das decisões judiciais, uma vez que a democracia pressupõe a participação efetiva do povo em todas as manifestações de poder, incluindo o princípio da motivação das decisões judiciais.

No que se refere ao contraditório material, conforme interpretado pelo inciso IV, §1º do artigo 489 do CPC, a democratização do processo judicial permite o exercício da cidadania por meio de amplo debate e participação das partes, influenciando efetivamente a decisão do juiz.

É importante ressaltar que, devido ao descrito no inciso IV, §1º do artigo 489, o juiz não terá mais a possibilidade de formar seu convencimento fora do que foi discutido no processo, evitando surpreender as partes com regras não mencionadas durante a instrução processual. Portanto, o princípio da fundamentação das decisões judiciais está intrinsecamente ligado ao contraditório.

Dessa forma, observa-se que, com base no Código de Processo Civil (Brasil, 2015), as decisões judiciais serão democratizadas por meio de uma ampla participação das partes, que exercem o contraditório material e influenciam a construção das decisões jurisdicionais, fortalecendo assim o Estado Democrático de Direito.

Considerando as colocações anteriores, embasadas no Estado Democrático de Direito, na construção de decisões judiciais que garantam os princípios constitucionais processuais, como a motivação das decisões judiciais e o contraditório material, percebe-se que a democratização das decisões judiciais favorece a legitimidade das decisões perante a cidadania.

Diante disso, os princípios processuais, como isonomia, devido processo legal, contraditório, ampla defesa, consensualidade, paridade de armas, entre outros, dialogam com a "democratização" do processo, possibilitando acordos pré-processuais, como a ampliação do contraditório ou até mesmo a produção unilateral de provas.

1.4 Estruturação do Poder Judiciário e a evolução legislativa brasileira

Cabe ao Direito apresentar as normas e diretrizes para a organização da sociedade e o exercício do poder, conforme ensinado por Dallari (2003, n.p) e Grinover; Cintra e Dinamarco (2004, p. 19).

Por essa razão, os artigos 92 e seguintes da Constituição Federal de 1988 tratam da estrutura do Poder Judiciário, visando à pacificação social.

A estruturação do Poder Judiciário, conforme destaca Lembo (2007, n.p), consiste em uma forma de limitação dos poderes, fundamental para equilibrar as funções executiva, legislativa e judiciária previstas na Constituição, além de garantir o exercício de suas atribuições, já que a competência é a medida da jurisdição.

Dessa forma, o Poder Judiciário tem como objetivo buscar a solução de conflitos que afetam a sociedade, não se limitando apenas à aplicação da lei, mas também orientando as diretrizes para a resolução consensual de litígios.

1.5 Breve histórico dos Juizados Especiais Federais

Narra Bacellar (2004, p. 32) afirma que os Tribunais de Justiça do Rio Grande do Sul, do Paraná e da Bahia, passaram a testar mecanismos extrajudiciais de composição de litígios quando se esboçava o anteprojeto da Lei dos Juizados de Pequenas Causas no ano de 1982.

Já no Mato Grosso do Sul, deu-se a iniciativa em relação aos Juizados criminais. Assim, os primeiros Juizados de Pequenas Causas efetivamente instalados foram os de Rio Grande/RS, Curitiba/PR e Barreiras/BA, seguidos de Campo Grande/MS, com competência criminal.

Destarte, a Lei nº 7.244, de 07 de novembro de 1984, foi a primeira a dispor sobre a criação dos Juizados de Pequenas Causas, trazendo a inovação que desafiou boa parte de juristas e processualistas, renitentes em aceitar o sistema diferenciado. Com a possibilidade de acesso à justiça ampliada, diminuiu-se a litigiosidade contida, haja vista a conscientização popular de não mais renunciar ou reprimir direitos supostamente lesados.

Os Juizados trouxeram, como princípios norteadores desse novo procedimento e sistema, a informalidade, a celeridade, a economia, a oralidade e a ampliação dos poderes do juiz no diálogo com as partes. Nesse contexto, o Judiciário, no papel de guardião da Constituição, precisou se libertar das amarras de um sistema processual burocrático.

De seu turno, a Lei nº 9.099/1995 adveio para dar efetividade à norma constitucional, acolhendo em grande parte as regras contidas na Lei nº 7.244/1984. Assim, trouxe como principal modificação a ampliação da competência e dos poderes do Juiz na condução do processo e na produção das provas, podendo inclusive desconsiderar os efeitos da revelia (artigo 20).

Nada obstante, apenas com a Emenda Constitucional nº 22, de 18 de março de 1999, sendo finalmente introduzido o parágrafo único no artigo 98 da Constituição Federal, além da Lei nº 10.259, de 12 de julho de 2001, com vigência em 13.01.2002, as quais trouxeram à baila, os Juizados Especiais para o âmbito da Justiça Federal, mantendo a aplicação subsidiária da Lei nº 9.099/1995, no que não fosse conflitante.

Assim sendo, integrantes da terceira onda de acesso à justiça, os Juizados Especiais Federais tiveram seu nascedouro na Emenda Constitucional nº 22/1999, a qual determinou a criação dos Juizados Especiais no âmbito da justiça federal.

Na esteira, atendendo ao dispositivo constitucional, a Lei nº 10.259, de 12 de julho de 2001, foi publicada, determinando a instalação dos Juizados Especiais Federais em diversas regiões, como um instrumento de acesso à justiça voltado aos hipossuficientes, e as chamadas causas de menor complexidade.

Assim, em conformidade com o artigo 3º da Lei 10.259/2001: "compete ao Juizado Especial Federal Cível processar, conciliar e julgar causas de competência da Justiça Federal até o, valor de sessenta salários mínimos, bem como executar as suas sentenças" (Brasil, 2001).

Essa implantação foi gradativa, através da Resolução nº 252, de 18 de dezembro de 2001, do Conselho da Justiça Federal, reduzindo, num primeiro momento, a competência legal dos Juizados Especiais Federais conforme as necessidades de cada região. Dentro do período compreendido entre a vigência da Emenda Constitucional e a promulgação da lei, houve o lapso de três anos para que o Judiciário Federal pudesse se preparar, possibilitando a ampliação da estrutura física e humana para o recebimento da demanda que era esperada.

O segundo momento mais importante na história dos Juizados Especiais Federais foi a revolução ocasionada pela implantação do processo eletrônico através da Resolução nº 13, de 11 de março de 2004, do Tribunal Regional Federal da 4ª Região (Brasil, 2004), e, posteriormente, com a Lei nº 11.419, de 19 de dezembro de 2006.

Nessa toada, afirma Melo (1994, s.n) que o Juizado se tornou um lugar no qual o magistrado tem mais autonomia na condução do processo e na produção das provas. Assim, para os Juizados Especiais Federais, por tratarem de questões que envolvem a União, as autarquias, as fundações e as empresas públicas federais, o objetivo foi a agilização do julgamento de questões de menor valor, de reduzida complexidade.

Bacellar (2004, s.n) destaca que se intentou desafogar a Justiça Federal das causas menores para que ela pudesse focar nas causas de maior repercussão. Tendo isso em vista, segundo Carneiro (1985, s.n), a finalidade também foi a de simplificação do procedimento e do acesso à Justiça para aqueles cidadãos menos favorecidos.

Na esteira da Resolução nº 125/2010, somada ao Provimento CNJ nº 67/2018 e ao Provimento CNJ nº 72/2018, os JEF's contam com o auxílio dos CEJUCSs, no qual servi como voluntário, na Subseção de Campo Grande/MS. Não obstante, tendo em conta que o congestionamento se observa na maioria dos JEF's pelo Brasil, não se tomará como recorte nenhum JEF's específico ou mesmo os da 3ª Região, sem prejuízo de ulterior aprofundamento destes estudos em outra os Centros Judiciários de Solução de Conflitos, e, no âmbito do Tribunal Regional da 3ª Região, das CECON's (Centrais de Conciliação), da qual o mestrando integra pesquisa.

Bem por isso, estendendo os Juizados Especiais à Justiça Federal, espera-se que a facilitação do trâmite das causas previdenciárias reduzisse, por consequência, o número de demandas encaminhadas ao rito ordinário desse órgão. Outrossim, o objetivo da criação dos Juizados foi também implantar na Justiça Federal a cultura da conciliação, sem a necessidade de declaração de vencedores e vencidos.

SEÇÃO II
A REALIDADE FÁTICA

CAPÍTULO 2

A ALTA TAXA DE CONGESTIONAMENTO DOS PROCESSOS NOS JUIZADOS ESPECIAIS FEDERAIS

Historicamente, os Juizados Especiais Federais têm ocupado um lugar de destaque na agenda da Justiça Federal, trazendo valor à sua forma. Além dos conhecidos princípios da oralidade, simplicidade, informalidade, economia processual, celeridade e conciliação, os JEF's têm resgatado o prestígio da Justiça Federal desde o início.

Consequentemente, surgiu a concepção entre os juristas de que também deveriam ser criadas alternativas para racionalizar os processos judiciais envolvendo o Poder Público. Isso permitiu o desenvolvimento do projeto dos Juizados Especiais Federais com a participação ativa dos próprios juízes federais, comprometidos com a ideia de uma justiça rápida, informal, acessível e efetiva para o cidadão.

Nesse sentido, foram realizadas experiências simples e inteligentes para contornar os obstáculos que surgiram, resultando em ganhos de produtividade mesmo sem previsão normativa. Um exemplo disso foi a implementação do sistema SISJEF no âmbito do Tribunal Regional Federal da 3ª Região, antes da migração para o sistema do PJe.

Por outro lado, a criação dos Juizados Especiais Federais foi vantajosa para a União, suas autarquias e empresas públicas, pois permitiu separar as causas de menor complexidade daquelas de maior relevância. Antes disso, as causas mais importantes estavam sendo prejudicadas pela atenção dada às questões menos complexas, todas competindo pela atenção dos juízes federais.

A taxa de congestionamento é um indicador da efetividade do tribunal em determinado período, levando em conta o número de casos novos, casos baixados e estoque pendente ao final do período anterior (CNJ, 2013). Isso mostra que, quanto mais lenta e ineficiente é a "justiça", mais incentivos existem para comportamentos oportunistas, como o não cumprimento de acordos ou a busca por tempo. Essas estratégias processuais, dentro da teoria dos jogos, contribuem para o que é conhecido como "tragédia dos comuns", uma vez que a justiça e o processo judicial são considerados bens públicos escassos.

Os autores mencionados destacam que o congestionamento do Judiciário, sem uma reestruturação adequada, levará à exaustão, resultando em uma queda na prestação jurisdicional até que os direitos não sejam mais atendidos. A sobreutilização do sistema ocorre devido à falta de medidas de responsabilização das partes pelos custos integrais ou proporcionais aos riscos assumidos ao ajuizar ações judiciais, o que permite a exploração indiscriminada do bem público "justiça".

Diante disso, a racionalização processual torna-se necessária, deixando de lado debates dogmáticos sobre formalidades processuais diante da realidade do comportamento das partes litigantes, dos juízes e dos custos envolvidos na disputa. É preciso considerar o impacto econômico e a eficiência dos tribunais ao tomar decisões em nome do "acesso à justiça", levando em conta que os litigantes são agentes econômicos racionais.

Embora se esperasse que a separação dos ritos desse vazão aos processos nos juizados, a alta taxa de congestionamento mostra que isso não está ocorrendo. A solução não está apenas no aumento do número de magistrados, mas sim em mecanismos que incentivem a resolução dos conflitos, como será abordado nos tópicos seguintes.

2.1 A alta taxa de congestionamento dos processos nos JEF's, os problemas e as consequências na entrega da prestação jurisdicional

De antemão, apresenta-se o conceito de que a prestação jurisdicional que alcança sua finalidade equipara-se a realizar a justiça no tempo e no modo esperado, sendo esse o conceito operacional de tutela Jurisdicional efetiva na visão de Coutere (1985, s.n), ou seja, não se reduz à ideia de um processo célere.

Partindo-se disso, de acordo com os estudos de Kazuo Watanabe (2005, s.n), a efetividade do processo como instrumento da tutela de direitos é o elemento mais importante para que haja o acesso à justiça qualificado.

Claro que, nas situações padrões em causas repetitivas, a solução pode ser padronizada, simples e rápida. Nada obstante, celeridade em demasia no julgamento de casos difíceis pode resultar na violação de garantias processuais e em decisões injustas, item desenvolvido no capítulo anterior.

Quanto a esse tema, Savaris e Xavier (2012, s.n) ponderam que o processo eficaz nasce de um equilíbrio entre a segurança e a celeridade. Nessa perspectiva, em relação ao pilar da segurança, os autores compreendem que a sentença tende a sair correta; já com relação à celeridade, eles dizem que a sentença tende a sair em tempo oportuno. De conseguinte, tal concepção se dissipa no direito a um processo sem dilações indevidas.

O pêndulo entre esses dois pilares deve estar centralizado, uma vez que a direção em excesso à celeridade (*ibidem*, 2012, p. 122), seja através de instrução ou da fundamentação deficiente, poderá causar algum dano na efetividade jurisprudencial e na legitimidade do Poder Judiciário, tal como a demora em excesso quando da devolução da prestação jurisdicional.

Isso porque o avanço processual não pode se dar em prejuízo do devido processo legal e de suas irradiações, tais como a ampla defesa, o contraditório, a igualdade/paridade entre as partes e a necessária fundamentação dos atos decisórios (*ibid*, 2012, p. 122).

Nessa ordem de ideias, os Juizados Especiais representam a melhor experiência brasileira da democratização ao acesso à justiça, com a abertura das portas do Judiciário às pessoas mais simples e carentes de recursos.

No entanto, a superação das barreiras ao ingresso em juízo não é suficiente. Em analogia, vê-se que o jurisdicionado quer visualizar também a porta de saída do Judiciário ao levar consigo uma resposta célere e adequada a sua pretensão.

Aí reside o problema, já que este se preocupou tanto com o espaço reservado ao acesso, visto como entrada, o qual foi ampliado nos últimos anos, com as ondas da justiça, mais alegre e iluminado que o espaço destinado à saída, o qual por vezes se mostra nebulosa, incerta e decepcionante, com desistências, perdas supervenientes de objeto e outros percalços processuais.

Nesse sentido, Leslie Ferraz (2010, s.n) evidencia que não é suficiente que o processo tenha eficácia, porquanto os resultados devem ser palpáveis, factíveis, positivos e verdadeiros. Com isso assegurado, o processo contará com efetividade. A autora destaca que o direito à tutela jurisdicional efetiva ocorre em momentos distintos, quais sejam, no Acesso à Justiça, no Devido Processo Legal e na Razoável Duração do Processo, cabendo ao Judiciário cumprir cada uma dessas garantias constitucionais.

Nessa linha, na seara do direito público, segundo Gonzáles Pérez (2005, s.n), os três principais balizadores da tutela jurisdicional efetiva são: (i) a eliminação de obstáculos ao acesso ao processo; (ii) o impedimento de que formalismos processuais acarretem a imunidade do controle da atividade administrativa; e, (iii) o exercício pleno da jurisdição nas diversas etapas do processo.

O enfrentamento dessas dificuldades não é tarefa fácil e desafia todos os atores envolvidos nos processos que buscam o reconhecimento de direitos supostamente violados pela Administração Pública.

Portanto, é possível afirmar, de acordo com Moraes (2012, s.n), que um processo efetivo é aquele que atinge a finalidade para a qual se destina, considerando os objetivos existentes no direito material e o impacto total da atividade jurisdicional sobre uma determinada situação de fato.

No entanto, no âmbito dos JEF's, essa problemática é agravada pela presença da Administração Pública em juízo e pelas limitações processuais e materiais para implementar as decisões judiciais, como a falta dos efeitos materiais da revelia mencionados anteriormente.

Portanto, nesta pesquisa, busca-se apontar os principais desafios para uma tutela efetiva nos JEF's e identificar possíveis soluções processuais e gerenciais para superá-los.

Para isso, foram utilizados os dados da pesquisa "Acesso à Justiça Federal: dez anos de juizados especiais", realizada pelo CONSELHO DA JUSTIÇA FEDERAL e pelo IPEA (2012), que apontou, na época que, segundo a maioria dos magistrados, a realização do acesso à justiça requer principalmente o aprimoramento da resolução de conflitos nas esferas administrativas (53,6%) e a ampliação dos recursos humanos e/ou financeiros (35%).

De seu turno, a redução do número de processos para garantir a qualidade das decisões também foi uma opção frequente entre os magistrados, indicando uma clara contraposição entre quantidade e qualidade. Isso sugere que, na visão da classe, o acesso à justiça já foi suficientemente ampliado em termos quantitativos, sendo necessárias estratégias para garantir qualidade à prestação jurisdicional.

Em virtude disso, a melhoria da gestão do trabalho também aparece como uma opção relevante (21,8%), evidenciando o tema da gestão no Judiciário brasileiro recentemente (Brasil, 2012, p. 83).

Nesse ponto, conclui-se que: (i) o acesso à justiça foi suficientemente ampliado em termos quantitativos, sendo necessárias estratégias para garantir qualidade à prestação jurisdicional nos JEF's; e (ii) é necessário reduzir as demandas judiciais para aumentar a qualidade das decisões, sem prejudicar o acesso à justiça em sentido amplo adotado neste trabalho.

Esses pontos centrais são problemas ou consequências da expansão das ondas da justiça de forma desenfreada e sem consideração pela saída dos processos, como mencionado anteriormente.

Para tanto, serão analisadas alternativas possíveis, no como: (i) o aprimoramento da consensualização de conflitos nas esferas administrativas, como termos de conciliação e compromisso extrajudiciais; e (ii) a melhoria na gestão dos recursos humanos e materiais na esfera pré-processual, como nas CECON's e CEJUSC's, e extraprocessual, como no caso das atas notariais de referências feitas por tabelião de notas. Essas medidas, assimiladas a outras mais, contribuirão para a redução da crise do Estado-Jurisdição, objetivando sair de uma estrutura burocrática e demandista em direção a uma justiça mais efetiva e de cunho resolutivo.

Senão vejamos, Pinho *et al.* (2014, s.n) ressaltam que a explosão da litigiosidade no Brasil, juntamente com o aumento do acesso à justiça, criaram obstáculos para o Poder Judiciário responder às demandas de forma adequada e dentro do prazo esperado pela população.

De um lado, o elevado aumento do número de novas ações judiciais teve um viés positivo ligado à democratização do acesso ao Estado-juiz e à conscientização da população brasileira acerca de seus direitos.

De outro flanco, tal cenário acabou por expor a baixa qualidade dos serviços públicos oferecidos à população, especialmente na área da saúde e da previdência social, gerando a necessidade de intervenção judicial em causas que deveriam ser resolvidas na via administrativa.

O Banco Mundial (2017, s.n), ao fazer uma análise do Judiciário brasileiro, concluiu que a demanda do setor cresceu dramaticamente a partir de 1991, após este ano, a produtividade dos magistrados também teve grande elevação, porém não ao ponto de dar conta da maior carga de trabalho, indicando também que o Brasil vem alcançando maiores taxas latino-americanas e mundiais em relação ao número médio de processos e o de processos decididos.

O Relatório Justiça em Números do CNJ (2017, s.n) revelou que quase 100 milhões de processos estavam em tramitação no Brasil em 2015, o que representa aumento de 30,6% nos últimos quatro anos. Ainda, observou-se o aumento de 8,4% no número de casos novos, em 2015, e de 14,8%, no quadriênio.

Esse aumento no volume de processos, apesar da melhoria da produtividade de magistrados e dos servidores, resultou em altas taxas de congestionamento nos JEF's.

Dando seguimento, em 2015, viu-se que os altos índices de congestionamento do Poder Judiciário ficaram na faixa de 70%, em que pese o volume de processos baixados tenha aumentado nos últimos anos. Logo, o esforço produtivo não foi suficiente em face do volume de casos novos (CNJ, 2015, s.n). Nos JEF's, no ano de 2012, mais de 10 milhões de processos tramitaram (CNJ, 2013, s.n).

De outro giro, a pesquisa citada revelou também que a maior parte dos processos que tramitam na Justiça brasileira está no primeiro grau de jurisdição, denotando a necessidade de priorizar esse segmento (CNJ, 2017, s.n).

Sobre dados do CNJ, no Relatório Justiça em Números do Conselho Nacional de Justiça, ao longo de 2018, foram registrados em todo o país 80.069.305 (oitenta milhões e sessenta e nove mil e trezentos e cinco) casos pendentes, sendo que 29.113.579 (vinte e nove milhões, cento e treze mil, quinhentos e setenta e nove) são casos novos (CNJ, 2018, p. 33).

Em relação à quantidade de sentenças prolatadas em processos físicos no período entre 2018 e fevereiro de 2019, observa-se que, em comparação com o ano de 2016, houve uma redução de 47,32%, com relação à prolação de sentenças em processos eletrônicos, o montante de sentenças foi 93,48% menor do que em 2016 e 87,59% quando comparado aos processos físicos (CNJ, 2019, p. 44).

É sabido que os processos judiciais em trâmite diante do Poder Judiciário são lentos por causa da elevada litigiosidade do povo brasileiro. Nessa via, o Conselho Nacional de Justiça, recentemente, publicou estudo pontuando que, no final de 2018, existiam em tramitação mais de 77 milhões de processos sem solução (Brasil, CNJ, 2019, p. 79).

Demonstrando a litigiosidade do povo brasileiro, consta do mencionado relatório do CNJ que, "em média, a cada grupo de 100.000 habitantes, 11.796 ingressaram com uma ação judicial no ano de 2018" (Brasil, CNJ, 2019, p. 84).

Conforme o estudo do CNJ (2019), o tempo médio de processos pendentes é, "na fase de execução da Justiça Federal (8 anos e 1 mês) e da Justiça Estadual (6 anos e 2 meses)", computando a média, resultante em "4 anos e 10 meses".

Note-se que tal pesquisa considerou a justiça cível (federal e estadual), militar (federal e estadual), trabalhista e eleitoral, não levando em conta a justiça criminal, na qual, em média, os processos duraram "3 anos e 9 meses na fase de conhecimento".

Assim, a taxa de congestionamento do Poder Judiciário é, segundo o relatório, da ordem de "73% no 1º grau e 52% no 2º grau" (Brasil, CNJ, 2019, p. 148-158 e 220).

Em suma, ao mesmo tempo que os números apresentados refletiram uma melhoria nas condições de acesso à justiça no Brasil, pintaram um quadro alarmante de "excesso de demanda" a ser solucionado não apenas pelo aumento da produtividade do Poder Judiciário, e sim por vias outras disponíveis, como a produção de vídeo em vez de audiências de instrução previdenciárias que abarrotam as pautas dos JEF's, o que será mais aprofundado em tópico específico.

Claro que se objetiva chegar a um nível razoável de litigância, proporcional ao número de habitantes no Brasil. Sem tais medidas, os JEF's não trarão soluções mais rápidas e informais como se propunha no início da sua criação. E isso não se coaduna com a concepção de Justiça trabalhada no início deste trabalho a fim de fazer face à expectativa de um processo justo.

O excessivo número de demandas nos JEF's tem como causa principal os questionamentos de natureza previdenciária e assistencial, figurando no polo passivo o INSS, líder do *ranking* dos maiores litigantes do Poder Judiciário no Brasil. Na Justiça Federal, o INSS é réu em 34% de ações no primeiro grau das Varas Comuns, e em 79% das ações nos Juizados Especiais Federais, conforme lista elaborada pelo CNJ (2013, s.n).

Segundo dados do CNJ (2014, s.n), entre os macrodesafios a serem enfrentados de forma prioritária pela Justiça Federal no período de 2015-2019 seriam a direção das mesmas demandas e dos grandes litigantes.

Sendo assim, aprimorou-se a gestão das questões jurídicas repetitivas e as repercussões gerais para reduzir o amontoado de processos que são relacionados à conhecida "litigância serial", como a revisão da vida toda, ou mesmo a correção do FGTS, questões que acarretam em um grande número de processos tendo o mesmo pedido.

A mais, no ano de 2018, a Fundação Getúlio Vargas (FGV, 2018, s.n) indicou que as principais causas do aumento das demandas judiciais consistiriam, primeiramente, na própria criação dos Juizados Especiais e da gratuidade do processo, uma vez que corrobora para elevar a contenda. Isso porque os juizados não aliviam as varas federais e previdenciárias existentes, na medida em que, *cum granum salis*, estimularam a entrada de casos que se repetem e a atuação da advocacia de massa.

Em segundo lugar, a pesquisa da instituição retrorreferida apontou também como causa o excesso de atos administrativos editados pelo INSS (desde 1994 foram mais de 760), o que criou uma zona cinzenta incitando a litigiosidade. Por fim, a inconstância e a morosidade no desenvolvimento de precedentes no Judiciário, bem como o acesso da mídia sobre algumas teses jurídicas, em especial os jornais de cunho mais popular, o que incita uma elevação na quantidade de processos.

Ainda, como a litigiosidade previdenciária é, em sua maioria, individualizada, tal volume de processos repercute em morosidade nos JEF's. Isso porque essa quantidade demasiada está acima da capacidade de processamento dos JEF's brasileiros, o que traz *a fortiori* lentidão na solução dos litígios, propagando a famigerada "crise do Judiciário".

Sendo assim, a superação dessa crise passa pelo enfrentamento da demanda existente e pela adoção de medidas eficazes para reduzir a quantidade de audiências pautadas em atraso para os processos que, todo dia, desembarcam nos JEF's, questões que serão tratadas ao longo deste estudo.

Diante dessa conclusão, no tópico que segue pretende-se indicar os desafios a serem superados pelos JEFs em prol de uma maior efetividade, tomada a concepção definida anteriormente.

Diante desse quadro, o grande desafio na atual conjuntura é diminuir a imprescindibilidade do ingresso em juízo para a solução dos conflitos gerados em grande parte pelo serviço prestado pelos entes públicos, principalmente o INSS, que é o maior litigante dos JEFs. Com a produção de vídeos, com formulários de perguntas obrigatórias, por exemplo, viabilizará o aumento de acordos, uma eventual liminar mais robusta, ou mesmo uma contestação fora dos padrões hoje utilizados pela Procuradoria Federal.

A jurisdição una acarreta a constante atuação do Judiciário na correção dos erros administrativos, diante da corriqueira negativa de direitos na via administrativa, porém tal provocação deve ser substanciada com provas mais robustas e plenas a fim de conceder agilidade ao (eventual) processo judicial.

As medidas a serem adotadas nessa empreitada não devem restringir o acesso à justiça, pelo contrário, devem oferecer alternativas mais efetivas do que as hoje tradicionalmente proporcionadas pelo Poder Judiciário. Savaris (2008, s.n) destaca três fatores determinantes para a multiplicação das lides: (i) os serviços prestados de forma inadequada pelo INSS (Administração Pública); (ii) o emprego de instrumentos artesanais para realizar julgamentos de massa, ainda que modelados, neologismo que decerto é conhecido na praxe judiciária; e (iii) o hiato entre a postura administrativa e o direito aplicado.

Nesse quadrante, ao apresentar e defender a sua tese de doutorado na Universidade de Coimbra, Bochenek (2013, s.n) pesquisou e analisou experiências empíricas dos JEF's brasileiros no intuito de alterar os padrões de litigação atuais que sobrecarregam esses órgãos.

Desta forma, o incremento do acesso aos direitos e à Justiça perpassa por uma nova compreensão de integração entre os órgãos de poder (notadamente, a OAB, o INSS e as PRF's e os TRF's), visando diminuir a quantidade de demandas que não necessitariam ingressar nos tribunais, pois elas poderão ser solucionadas por meio da via administrativa ou por outras formas de resolução de conflito. E, no caso de adentrarem no Judiciário, terão uma solução mais rápida, considerando a produção probatória mais robusta anteriormente.

À vista disso, os Juizados Especiais Federais evidenciaram que se pode modificar os padrões tradicionais de prestação jurisdicional. Entretanto, faz-se necessário que se avance, principalmente para a inserção de meios de defesa mais fortes e ativos, propagando experiências criativas e inovadoras que transformem os sistemas judiciais vigentes.

2.2 A "ordinarização de procedimentos" em varas comuns, com JEF adjunto

O artigo 14 da Lei nº 10.259, de 12 de julho de 2001, preconiza a uniformização de interpretação de lei federal quando houver divergência entre decisões sobre questões de direito material proferidas por diferentes turmas recursais na interpretação da lei.

Neste ponto, a legislação explicou a necessidade de padronização de provimentos, de enunciados sumulares e da jurisprudência das Turmas Recursais e dos próprios Tribunais Superiores.

Angariou-se junto aos juízes que a existência de procedimentos diversificados nos juizados dificulta a atuação dos advogados, na medida em que viabiliza a prolação de sentenças ilíquidas, ou a "ordinarização" dos processos nos Juizados Especiais Federais, a título ilustrativo.

Em contrapartida, a padronização contribui para a racionalização dos procedimentos sem prejuízo de divulgar outros que tenham dado certo em outras regiões, tal como em Jales e Registro, ambas no sistema da 3ª Região.

SEÇÃO III
MECANISMOS DE SUPERAÇÃO DESTA CRISE DO JUDICIÁRIO

O MODELO COOPERATIVO DE PROCESSO E O SISTEMA DE PRECEDENTES

3.1 O modelo cooperativo e comparticipativo do processo civil brasileiro

Previsto no art. 6º do CPC, "todos os sujeitos do processo devem cooperar entre si para que se obtenha, em tempo razoável, decisão de mérito justa e efetiva" (Brasil, CPC 2015), de se observar que o dever de cooperação impõe aos sujeitos do processo uma atuação pautada na boa-fé objetiva no sentido de considerar como legítimas as expectativas estabelecidas por todos os envolvidos na relação conflituosa.

Desta forma, afirma Gilles (2016, s.n.) que essa axiologia se traduz numa diretriz ou numa ideia com pretensão de universalidade, dentro de uma certa ordem jurídica para todos os processos ordinários ou para um grupo de processos que demandem certa especialidade, de maneira a auxiliar na melhor interpretação do direito.

Afinal, Ávila (2018, n.p) relata que esses estatutos basilares objetivam promover um diferente estado de coisas, sendo consabido que houve diferentes tipos de modelos processuais, sendo os de maior destaque o dispositivo e o inquisitório.

O autor destaca que, no primeiro modelo, vigora uma valorização exacerbada das partes no processo, de modo a reduzir o juiz a praticamente um mero expectador. De seu turno, o segundo modelo cria a figura de um "super juiz", que reduz o direito ao contraditório das partes à uma mera bilateralidade de audiência (direito de resposta – ação e contestação), sem a respectiva influência.

Aqui, busca-se o meio-termo entre os dois modelos, em uma versão pendular, horizontal, de protagonismos despolarizados. Fato é que esses modelos supracitados se mostraram insuficientes para fazer frente ao novo anseio social, sendo assim, um processo pautado na constituição federal.

Esse constitucionalismo processual, no âmbito adjetivo civil notadamente impõe ao juiz um comportamento ativo, de modo que, a ele, incumbe iniciativas para esclarecer as circunstâncias fáticas do caso concreto e de investigar os fatos relevantes, sem, contudo, perder sua imparcialidade e tomar frente de papéis de outras instituições constitucionais, como o Ministério Público, a Advocacia Pública, ou mesmo a Defensoria, a título ilustrativo.

Assim, a organização judiciária passa a ser uma ponte entre o processo e a Constituição, assim, ao aliar o processo com a constituição, surge a necessidade de se rever a relação estado e particular, garantindo ao cidadão a sua liberdade, principalmente em um momento tão delicado e importante de sua vida, qual seja, o próprio processo, o qual para o indivíduo será sempre único e de extrema relevância.

Portanto, o domínio de atuação, no âmbito processual, não pode ser exclusivo do juiz, devendo distribuir-se equitativamente entre todos os sujeitos processuais.

Desta forma, importa assinalar a distinção entre mero documento em relação ao título, na medida em que aquele constitui gênero e corresponde ao suporte material referente a uma situação ou a um fato relevante.

Por outro lado, o título consiste em espécie de documento, apto a fundamentar certo direito a um determinado bem juridicamente relevante. Essa nova necessidade, traz Kochem (2015, p. 81), reside na redistribuição da posição jurídica dos sujeitos, o que, no direito alemão, deu origem ao denominado "Kooperationsmaxime".

Tal termo pode ser definido como um balanço entre o modelo dispositivo e o modelo inquisitório, surgindo assim o dever de cooperação do tribunal, qual seja o de dar impulso ao processo (após a iniciativa das partes), dirigir e, se necessário, corrigir a discussão das partes sobre o direito material-processual, inclusive com a despolarização processual, permitindo a movimentação entre autor e réu conforme o núcleo de interesses discutidos.

Nota-se a partir daí a gênese do modelo de cooperação processual, colocado expressamente no processo civil brasileiro em 2015, no qual se vê que o juízo tem certo poder de instrução, inclusive de ofício, frente a vulnerabilidades, e principalmente no juízo cível, o qual se coaduna com as máximas conhecidas do "dá-me os fatos que lhe dou o direito", e "o juiz sabe o direito".

Apesar de o processo somente se iniciar por iniciativa de alguma das partes (art. 2º, CPC), haja vista o princípio da inércia, há estipulações/convênios, como o realizado com o Instituto Nacional do Seguro Social – INSS, a serem desdobradas no decorrer deste trabalho, que dialogam entre si em busca de uma verdadeira ação conjunta para se obter o resultado justo em tempo razoável de maneira macro.

Tal como feito recentemente no Supremo Tribunal Federal com o Ministério Público Federal e a Procuradoria Federal em relação aos prazos de análise dos benefícios previdenciários, assim como a disponibilização de aplicativos como "Meu INSS".

Nessa senda, há uma vedação à má-fé (art. 5º, CPC) e um dispositivo expresso em prol da cooperação entre os sujeitos processuais em busca de uma decisão de mérito justa e efetiva (art. 6º, CPC).

Na esteira, de acordo com Daniel Mitidiero (2007, p. 147), a colaboração é um modelo de processo e um princípio ao mesmo tempo.

Como modelo, divide, de maneira equilibrada, a posição jurídica de todos os sujeitos processuais, exaltando o trabalho em conjunto deles. Desse modo, haveria uma segmentação equilibrada no desenvolvimento do processo, sendo dever do magistrado zelar por uma verdadeira "comunidade de trabalho".

Como princípio, a colaboração impõe um estado de coisas que devem ser providas, gerando ao magistrado deveres de esclarecimento, de prevenção, de diálogo e de auxílio.

Nesse mesmo viés, para Dierle Nunes (2019, n.p), aplica-se a chamada *teoria da comparticipação* no novo diploma adjetivo civil. Ocorre então que, no referido código, encontra-se a exigência de que cada sujeito exerça atribuições de modo racional, havendo participação técnica e com responsabilidade (posição reforçada por Isabella Fonseca Alves e Daniela Moreira de Souza, 2015, n.p).

Portanto, no afã de propiciar uma conexão entre a Constituição Federal, os princípios e as garantias processuais, defende-se um sistema policêntrico, no qual não haveria o protagonismo do juiz, mas sim um modelo pendular e cíclico, com a atuação das partes em paridade de armas.

A ideia principal é a de que tanto as partes quanto o juiz deveriam agir de modo a cooperar para a produção de um resultado de mérito justo e efetivo, haja vista que a comunidade de trabalho mencionada deve ser revista em perspectiva policêntrica e coparticipativa, afastando qualquer protagonismo e se estruturando a partir do modelo constitucional de processo.

Como um dos principais nomes na defesa do modelo comparticipativo de processo, Dierle Nunes (2008, n.p) juntamente com Humberto Theodoro Júnior e *et al.* (2016, n.p), explicam que o sistema processual no Brasil ostenta um ambiente por meio do qual há a preponderância de condutas no sentido contrário à cooperação.

Isso porque as partes almejam apenas vencer suas pretensões, não se preocupando com a "justiça" da decisão (na maioria das vezes) e o magistrado busca cumprir suas metas, otimizando seus julgados.

Atualmente, por exemplo, em até 100 (cem) dias após a conclusão do processo para julgamento, conforme o Conselho Nacional de Justiça, deve o magistrado proferir decisão/sentença.

Desse modo, caberia ao direito, já posto, diluir a conduta não cooperativa, visando-se alcançar tal comunidade de trabalho.

De outro lado, tal percepção do processo se difere do modelo de colaboração adotado por Daniel Mitidiero (2012, p. 76), pois nele não haveria uma prevalência do juiz sequer no momento de decisão, assim a ideia do modelo comparticipativo de processo perpassaria por uma ideia de policentrismo processual, com contraditório dinâmico, que pressupõe o debate no processo, a consideração dos argumentos das partes como garantia de influência nas decisões, evitando-se a denominada decisão surpresa.

Na esteira de Humberto Theodoro (2015, n.p), a proposta que leva a sério o policentrismo processual e suas repercussões para o sistema jurídico, forja uma teoria normativa de deveres processuais a induzirem um comportamento cooperativo dos sujeitos processuais, mediante deveres de consulta, esclarecimento, auxílio, correção, integridade e consideração, tudo em busca de um diálogo genuíno no âmbito processual e que respeita a participação dos sujeitos processuais num ambiente de boa-fé normativamente controlada.

Nesse sentido, ele esclarece que o modelo comparticipativo não se trata de uma visão utópica do processo, na qual as partes, por compaixão ou solidariedade, almejam o resultado mais correto para a lei ou mais justo no caso concreto. Tal modo de pensar seria, no mínimo, ingênuo em uma sociedade que se forma cada vez mais fluida, individualista, consumista e sem senso de comunidade.

Todavia, é necessário que se traga, alguns valores, uma vez que há interesses que comportam enquadramento conjunto, como o das partes quererem ter sua demanda bem analisada à luz do programa fático-normativo vigente, com respeito ao erário público e com celeridade e duração razoáveis a viabilizar a vazão dos processos no âmbito dos juizados especiais federais.

De outro modo, quanto menor a consistência dos precedentes, e maior a incerteza do direito material, aumenta-se a falta de previsibilidade da posição jurisprudencial. Com isso, as partes, tendentes a serem otimistas sobre seu direito ou em posição de assimetria informacional, não sabem os custos transacionais e inviabilizam o controle, pelo juízo, da litigância de má-fé, bem como da advocacia predatória.

Bem por isso, o sistema de precedentes alinhavado no CPC deve ser mais um norte informacional público para orientar a conduta pré-processual das partes, somadas ao conjunto probatório produzido pelas alternativas defendidas nesta pesquisa. Disso resulta que o dever de coerência, estabilidade e integridade, preconizado no art. 926, do CPC, sobressaem com a vinculatividade dos juízes e dos tribunais aos precedentes tipificados no art. 927, do CPC.

Consequentemente, a formação de precedentes intenta evitar rediscussão de assuntos já "pacificados", ou melhor, iterativamente reconhecidos pelos Tribunais de Superposição. Assim sendo, sob as lentes da AED, pelo método pragmático-consequencialista, o presente trabalho propõe a valorização dos precedentes como mecanismo de redução da drenagem de recursos públicos voltados ao custeio da organização burocrática dos JEF's, atualmente hipertrofiados.

Sobremaneira, de especial relevo recuperar a noção de bem público da estrutura judicial e, nesse raciocínio, cumpre destacar as lições de Luciano Timm *et al.* abaixo transliteradas:

> Assim, se os custos processuais e os ônus processuais forem baixos e os precedentes judiciais erráticos, o sistema processual poderá criar incentivos à propositura de ações descabidas. Ou seja, o sistema processual acaba colocando em cheque o próprio direito material (assim entendidos os contratos, a propriedade e, inclusive, as relações familiares). É tempo de medir a perfomance dos sistemas processuais. (…) as partes são, via de regra, excessivamente otimistas em relação aos seus direitos. Assim, sem precedentes claros e as frequentes distorcidas

percepções das partes, torna difícil ao advogado trazer seus clientes à realidade. Ainda, a falta de orientação jurisprudencial torna também a demanda aleatória, dificultando a responsabilização do advogado e da parte por litigância de má fé. (Timm; Trindade, 2021. p. 472 e 464)

Nessa linha de intelecção, o modelo tratado busca interpretar o art. 6º do CPC, de modo a valorizar ainda mais o contraditório e a garantia de não surpresa das decisões (art. 9º e art. 10 do CPC), com o objetivo de permitir que o magistrado atue, com mais firmeza, quando observa que a pretensão está calcada em acervo probatório que se demonstra hábil a antecipar uma sentença.

À vista disso, ao se considerar a presunção de boa-fé como princípio do sistema jurídico, o que corresponde o direito de punir a má-fé, deverão ser considerados pelo julgador, tanto na admissão da demanda, quanto na prolação de decisões antecipatórias, finais e executórias, sempre atento às imprescindíveis garantias processuais.

De modo sucinto, importa trazer à liça que o magistrado pode atuar com mais firmeza, quando observa que a pretensão está calcada em acervo probatório. Assim, como axiomático, o potencial propositivo deste estudo demonstra a habilidade de antecipar as posições adotadas por cada parte no caso concreto e o lastro probatório carreado aos fólios com o fito de barrar a tutela jurisdicional errática.

Em situações análogas, reduzindo a assimetria informacional, e conscientizando dos custos de transação, a probabilidade de as partes computarem os custos em cotejo com os valores esperados contribuirá para o aumento da eficiência, saindo da sistemática em que se internalizam os benefícios e externalizam os custos, em uma lógica de subinvestimento, dado o quadro de gratuidade de justiça, e desvirtuamento dos JEF's.

Nessa seara, examinando as comunicações entre as partes, será possível verificar o ânimo de colaboração, a boa-fé e até a intenção de minorar a lesão da outra parte ou tentar repará-la; assim como poderão ser desveladas a má-fé, o propósito de ocultar provas e bens e a reiteração da conduta lesiva.

Em razão disso, no processo civil constitucional, não vale vencer a qualquer custo, há regras do jogo que devem ser seguidas, inclusive é aplicável o cânone do dever de mitigar as perdas, razão pela qual cabe estabelecer estímulos processuais para salvaguardar o microssistema dos JEF's, impedindo o ajuizamento de demandas aleatórias, sem lastro probatório mínimo, auto-interessadas, sem prognóstico ínfimo de procedência, a fim de evitar jogos não cooperativos no ambiente processual até o esgotamento das vias jurisdicionais.

Assim sendo, todos esses fatos podem e devem ter influência decisiva no deferimento de provimentos que posterguem o contraditório e que sejam acautelatórios, executórios e definidores de responsabilidade material e processual.

Assim, todos os sujeitos do processo, nesse momento, a partir de uma visão despolarizada, devem atuar pela boa-fé na condução rápida da demanda para a solução da lide sociológica subjacente ao processo, eletrônico e/ou físico, o qual, para além de metas do Conselho Nacional de Justiça/CNJ, envolvem seres humanos por detrás que necessitam de verbas alimentares para sua sobrevivência, em respeito ao mínimo existencial e à dignidade da pessoa humana.

Segundo Fredie Didier (2013, s.n), a organização do processo não prescinde da distribuição das funções entre os sujeitos processuais, na instauração, no desenvolvimento e na conclusão do processo. Nesse contexto, o autor explicita que o processo cooperativo é um terceiro modelo topográfico de organização do processo.

A esse modelo, vê-se que os princípios do devido processo legal, da boa-fé processual e do contraditório, juntos, servem de base para o surgimento de outro princípio do processo: o princípio da cooperação.

Para Oliveira (1999, s.n), o princípio da cooperação define o modo como o processo civil deve estruturar-se no direito brasileiro. Esse modelo caracteriza-se pelo redimensionamento do princípio do contraditório, com a inclusão do órgão jurisdicional no rol dos sujeitos do diálogo processual, e não mais como um mero espectador do duelo das partes.

Destaca este mesmo autor que o contraditório volta a ser valorizado como instrumento indispensável ao aprimoramento da decisão judicial, e não apenas como uma regra formal que deveria ser observada para que a decisão fosse válida.

Para o autor, a condução do processo deixa de ser determinada pela vontade das partes (marca do processo liberal dispositivo).

Também não se pode afirmar que há uma condução inquisitorial do processo pelo órgão jurisdicional, em posição assimétrica em relação às partes. Busca-se uma condução cooperativa do processo, sem destaques a algum dos sujeitos processuais.

E, em conexão com a democratização processual já tratada em tópico anterior, de se observar que o modelo cooperativo parece ser o mais adequado para uma democracia. Igualmente, conforme ventilado na introdução deste trabalho, há o modelo comparticipativo de processo como técnica de construção de um processo civil democrático em conformidade com a constituição.

Em outras palavras, esse último modelo consubstancia-se "n(a) comunidade de trabalho [que] deve ser revista em perspectiva policêntrica e coparticipativa, afastando qualquer protagonismo e se estruturando a partir do modelo constitucional de processo" (Nunes, 2008, s.n). A esse respeito, discorre Marioni (2016, n.p):

> Encarar o processo civil como uma comunidade de trabalho regida pela ideia de colaboração, portanto, é reconhecer que o juiz tem o dever de cooperar com as partes, a fim de que o processo civil seja capaz de chegar efetivamente a uma decisão justa, fruto de efetivo *"dever de engajamento"* do juiz no processo. Longe de aniquilar a *autonomia individual e auto-responsabilidade das partes*, a colaboração apenas viabiliza que o juiz atue para a obtenção de uma decisão justa com a *incrementação de seus poderes de condução no processo, responsabilizando-o igualmente pelos seus resultados*. A colaboração não apaga obviamente *o princípio da demanda* e as suas consequências básicas: o juízo de conveniência a respeito da propositura ou não da ação e a delimitação do mérito da causa que continuam tarefas ligadas exclusivamente à conveniência das partes. O processo não é encarado nem como coisa exclusivamente das partes, nem como coisa exclusivamente do juiz – é *uma coisa comum ao juiz e às partes* (*chose commune des parties et du juge*) (Marioni, 2016, p. 21). (grifos nossos)

Ainda, revisitando a literatura jurídica sobre o tópico em exame, Didier (2013, s.n) relata o surgimento de deveres de conduta tanto para as partes quanto para o órgão jurisdicional. Já para Moreira (1989, s.n), o modelo cooperativo se mostra "paritário na condução do processo, no diálogo processual", e "assimétrico" no momento da decisão, ao passo que não conduz o processo, ignorando ou minimizando o papel das partes na "divisão do trabalho".

No entanto, não há paridade no momento da decisão; as partes não decidem com o juiz; trata-se de função que lhe é exclusiva. Pode-se dizer que a decisão judicial é fruto da atividade processual em cooperação, é resultado das discussões travadas ao longo de todo o arco do procedimento. Isso porque a atividade cognitiva é compartilhada, mas a decisão é manifestação do poder, que é exclusiva do órgão jurisdicional.

Nesse momento, revela-se a necessária assimetria entre as posições das partes e do órgão jurisdicional, porquanto a decisão jurisdicional é essencialmente um ato de poder sem, no entanto, cair em um processo autoritário/inquisitorial.

O princípio da cooperação atua diretamente, com eficácia normativa, imputando aos sujeitos do processo deveres, independente da existência de regras jurídicas expressas. Com isso, tornam-se ilícitas as condutas contrárias à obtenção do "estado de coisas" (comunidade processual de trabalho) que o princípio da cooperação busca promover.

De uma, sobressai o dever de se manter coerente com os seus próprios comportamentos, protegendo as partes contra eventual comportamento contraditório (*venire contra factum proprium*) do órgão julgador, na condução de um processo leal e cooperativo.

Tarefa árdua reside na sistematização dos deveres processuais, decorrentes do princípio da cooperação. Para tanto, convém valer-se da divisão em deveres de esclarecimento, de lealdade e de proteção.

Nesse tom, Didier (2013, s.n.) destaca algumas manifestações desses deveres em relação às partes na forma a seguir: (i) dever de esclarecimento: os demandantes devem redigir a sua demanda com clareza e coerência, sob pena de inépcia (art. 295, I, par. ún., CPC); (ii) dever de lealdade: as partes não podem litigar de má-fé (art. 17 do CPC), além de ter de observar o princípio da boa-fé processual (art. 14, II, CPC); (iii) dever de proteção: a parte não pode causar danos à parte adversária (punição ao atentado à dignidade da justiça, arts. 879-881, CPC; há a responsabilidade objetiva do exequente nos casos de execução injusta, arts. 475-0, I, e 574, CPC).

Nesse diapasão, Sousa (1997, s.n) afirma que o dever de esclarecimento consiste no dever de o juízo se esclarecer junto das partes quanto às dúvidas que tenha sobre as suas alegações, pedidos ou posições em juízo, para evitar decisões tomadas em percepções equivocadas/apressadas.

A exemplo disso, se o magistrado estiver em dúvida sobre o preenchimento de um requisito processual de validade, deverá providenciar esclarecimento da parte envolvida, e não determinar imediatamente a consequência prevista em lei (extinção do processo, por exemplo).

Outro vetor do dever de esclarecimento (Miranda, 1958, s.n) repousa na obrigação do juízo de esclarecer seus próprios pronunciamentos para as partes, fortificado pelo dever de motivar, ambas concretizações do princípio da cooperação.

Nesse seguimento, vale tecer algumas linhas sobre o dever de consulta, variante processual do dever de informar e aspecto do dever de esclarecimento, compreendido em sentido amplo (Grasso, 1966). Nessa senda, não pode o órgão jurisdicional decidir com base em questão de fato ou de direito, ainda que possa ser conhecida de ofício, sem que sobre elas sejam as partes intimadas a manifestar-se (artigos 9º e 10, ambos do CPC).

Bem por isso, o juiz deverá consultar as partes sobre essa questão não alvitrada no processo, e ainda não posta em contraditório, antes de decidir, aí reside o dever de consulta (Moreira, 2004) com o fito de resguardar o poder de influenciar na solução da controvérsia.

Em virtude disso, caso o magistrado se debruce sobre a falta de um requisito de admissibilidade, não deve determinar a extinção do processo (se esse for o efeito previsto) sem antes ouvir as partes sobre a questão. Não apenas isso: o magistrado tem o dever de apontar as deficiências das postulações das partes de forma objetiva e específica para que possam ser supridas. No ponto, trata-se de manifestação dever de prevenção, variante do dever de proteção.

De seu turno, esse dever de prevenção vale para todas as situações nas quais o êxito da ação a favor de qualquer das partes possa ser frustrado pelo uso inadequado do processo (Sousa, 1997).

Outro exemplo consiste no direito de emendar a petição inicial, se o magistrado considerar que lhe falta algum requisito, na medida que não lhe é dado indeferir a exordial sem que seja oportunizada a correção do defeito, apenas no caso de descumprimento da diligência que lhe fora ordenada, a petição inicial será indeferida (art. 295, VI, CPC).

Disso tudo, resulta que o princípio da cooperação se destina a transformar o processo em uma "comunidade de trabalho" (*comunione del lavoro*) "e a responsabilizar as partes e o tribunal pelos seus resultados" (Didier, 2013, s.n), conforme já aventadas linhas atrás.

A despeito da inexistência de regras que concretizam o cânone da cooperação, o jurista mencionado no parágrafo anterior indica que o princípio tem eficácia normativa direta, com imputação de situações jurídicas passivas e ativas como o dever de se manter coerente com seus próprios comportamentos.

Ao integrar o sistema jurídico, o princípio da cooperação garante o meio (imputação de uma situação jurídica passiva ou ativa) necessário à obtenção do fim almejado (o processo cooperativo). Por isso, o modelo cooperativo de processo, estruturalmente, irradia o princípio da cooperação intersubjetiva (Gouveia, 2006).

Esse autor afirma que o modelo cooperativo refere-se ao cumprimento do princípio citado acima, o qual determina que há uma relação de colaboração entre a figura do juiz e as partes, devendo assim ser realizada com o objetivo de se ter a solução mais justa para o caso concreto.

Nesse ponto, o modelo condensa a finalidade do processo, a justeza, o problema do congestionamento dos JEF's e a solução para os problemas levantados.

A partir do que foi descrito acima, percebe-se que o modelo cooperativo de processo exige uma mudança na mentalidade dos sujeitos processuais e na sua atuação, devendo a responsabilidade pelo regular desenvolvimento do feito ser repartida entre as partes e o juiz.

Daí que esse modelo é reforçado pela democratização processual (Oliveira, 2003), realizando o exercício mais atuante e participativo de cada cidadão, incluindo até mesmo aqueles de natureza processual. Com isso, pretende-se chegar a um desfecho com maior legitimidade (Gouveia, 2006, p. 200) e, por consequência, mais bem aceito pelas partes.

O autor deduz que:

> A necessidade de que a decisão seja *fruto da colaboração dos intervenientes processuais* é muitas vezes ressaltada, onde pode-se compreender que não é necessário apenas que o órgão judicante encontre-se convicto da certeza da solução, se esta não será realizada da forma certa e verificável, assim, diz o autor que a decisão *não deverá ser aceita apenas por causa da sua natureza de ato imperativo, mas sim por causa da sua força intrínseca de persuasão conseguida por meio da ajuda daqueles que estiverem envolvidos no processo.* (Gouveia, 2006, p. 200)

Nessa linha de intelecção, a cooperação dos litigantes, na formação da decisão judicial, serve de "válvula de escape" de ressentimentos e críticas, o que permite que o resultado do processo seja influenciado pelos seus participantes, facilitando sua assimilação e aceitação pela sociedade (Freitas, 2006, s.n). Por isso, o processo tem o valor de "enfraquecer o confronto" ou "reduzir o conflito", traduzida pela maior legitimação social, cumprindo com sua finalidade de pacificação social.

Outrossim, o movimento de socialização do processo foi responsável, como visto anteriormente, pela desconstrução do dogma do juiz solipsista que assumia o papel principal. Desse contexto emerge a função social do processo.

Em contexto de judicialização – aqui entendida como a tendência de transferir poder decisório do Poder Executivo e do Poder Legislativo para o Poder Judiciário – tema que não se aprofundará neste trabalho – a função social do processo ganha ainda mais relevância.

Por tudo o quanto visto até esse momento do estudo, percebe-se que, para construir um modelo processual cooperativo em que as garantias constitucionais do processo sejam levadas a cabo, faz-se necessária a extirpação desse protagonismo judicial com vistas à inauguração do período de socialização do processo. A esse respeito, veja-se:

> Sobre o protagonismo judicial, a sua defesa pura e simples como chave para que se solucionem grande parte das moléstias deste sistema, seguida da evolução da Ciência Jurídica ocorrida no último século, parece, atualmente, no mínimo, ingênua (Nunes, 2010, p. 127).

Nunes salienta que não se trata de deixar o magistrado em segundo plano, e sim de, juntamente com os demais sujeitos processuais (Nunes, 2010, p. 127), forme-se uma verdadeira comunidade de trabalho, despendendo comuns para o desenvolvimento de um processo judicial democrático, pautado nas garantias processuais da Constituição.

Esse processo dialógico, nos JEF's, não deve ser ordinarizado, e sim – em homenagem à informalidade – acelerado o suficiente para trazer à superfície a solução mais adequada para o caso concreto, notadamente nos casos previdenciários e assistenciais. Nesse afã, o autor diz que:

> Não existe uma justiça social que seja definida previamente, por isso, ela não deve ser considerada, antes de se realizar um debate processual, uma vez que só as peculiaridades do caso concreto conseguem permitir, diante da organização de um fluxo discursivo entre aqueles que estão envolvidos e o órgão decisor, para que se forme um provimento adequado (Nunes, 2010, p. 128).

Assim, o debate endoprocessual, em que todos os participantes tenham condições de, verdadeiramente, influenciar no desfecho da lide, corrobora com o modelo do Estado Democrático de Direito, assentado dentro da intersubjetividade.

Juntamente com o afastamento da ideia do protagonismo judicial dentro do processo civil, estar-se-ia extinguindo também a noção de que os cidadãos não são capazes de exercer sua cidadania inclusive no âmbito do processo e que, por isso, necessitariam de um salvador que olhasse por eles, suprindo suas incapacidades.

Frise-se que, inclusive, no âmbito do JEF's, o que propõe neste trabalho tende a agilizar seu atendimento numa visão menos formalista e mais pragmática do que se observa hoje nos foros.

Desta forma, quando se tolhem direitos das partes e se dão poderes discricionários ao juiz na busca de eficiência em prejuízo de garantias, não se resolve problema algum e se impõe o autoritarismo, tanto inútil quanto contraproducente (Cipriani, 2002).

Destarte, tudo o que foi exposto, aduz-se que a quebra do protagonismo do juiz passa, necessariamente, pelo fortalecimento da participação das partes durante o processo, aqui proposta como a produção de vídeo com formulário de perguntas obrigatórias formuladas institucionalmente pelo INSS, OAB e Judiciário.

Essa participação deve ser requerida e incentivada pelo juiz, principalmente pela constatação de que elas [as partes] detêm as informações mais relevantes para a solução da lide por estarem, primitivamente, ligadas à situação factual que as levou a juízo e serão, indubitavelmente, as mais afetadas pela decisão tomada dentro do processo.

Assim, divorciado do solipsismo judicial, o que se propõe é uma atuação coparticipativa entre os sujeitos processuais, como forma de se garantir, na seara processual, a adoção do modelo cooperativo de processo. E, por isso, traduz-se que o modelo cooperativo de processo não se compatibiliza com nenhum tipo de protagonismo dos sujeitos processuais, inclusive com o do juiz.

Tem-se, assim, que o magistrado deve, na verdade, assumir um papel de garantidor do cumprimento dos princípios constitucionais do processo durante todo o ínterim processual.

Afirma Dierle José Coelho Nunes (2010, s.n) que o que ele defende não esvazia o papel da magistratura, mas o redefine, uma vez que o juiz deve ser visto como um garantidor dos direitos fundamentais, inclusive daqueles que asseguram a participação dos sujeitos processuais na formação da decisão.

Nessa toada, segundo Mitidiero (2007, p. 148), o juiz deve adotar uma dupla posição, ou seja, deverá ser ela paritária ou isonômica, na condução do processo, a fim de favorecer o diálogo com as partes e observar o contraditório no decorrer de todo o processo; e, assimétrica, quando da prolação da decisão, com a imperatividade do Estado-Juiz, apesar de ter se formado em um âmbito democrático, em que se respeitou os direitos e garantia fundamentais.

Dessa forma, esse clima dialógico se constroi com os deveres de consulta, de esclarecimento, de prevenção e de auxílio.

CAPÍTULO 4

A *DISCOVERY* COMO EXPERIÊNCIA NO DIREITO NORTEAMERICANO E ANGLOSAXÃO

Passando pela experiência americana, Madureira (2017, s.n) explica que a *discovery* americana é a fase procedimental de revelação de provas, com dever de cooperação das partes, anterior à fase de julgamento.

Assim, a descoberta consiste na busca exploratória de provas de forma prévia à instauração do litígio, de forma a definir seu objeto, conveniência de prosseguimento – *advisability* –, e até mesmo julgamento antecipado nas hipóteses do artigo 355, I, do CPC – *settling early*.

Nesse trilhar, Alessandro Octaviani (Conjur, 2022, p. 2), falando do *homo ocdenomicus*, critica a "trajetória da mimetização cultural" e traz à memória que "diferentemente do direito do *homo ocdenomicus*, é o Direito Econômico Antropófago, que reinstala 'uma consciência participante, uma rítmica religiosa'".

Acerca desses institutos, leia-se o que descreve (Cambi, 2017, p. 4):

> Para a justiça, só existe um "caso" para ser julgado após o procedimento *pretrial*, que determina a solidez das provas, os riscos envolvidos, o procedimento adotado e o tamanho da questão, explicado pelo termo *constrict or expand the flow*. Tal termo se refere à possibilidade das partes apresentarem à corte um caso mais restrito em que a decisão pode se concentrar em poucas questões sem necessidade de maior dilação probatória ou em um caso expandido, cuja produção de provas na fase *pretrail* exigirá uma análise mais pormenorizada de fatos e de documentos. Esse juízo prévio, realizado no *pretrail*, faz com que uma diversidade de questões que pretendiam ir a julgamento seja extinta por acordo, desistência, falta de solidez ou mesmo pela constatação de que

os meios de prova não são suficientes para possibilitar um julgamento favorável. Os *pleadings* são os requerimentos pelos quais os litigantes apresentam o caso à corte. (...). O requerimento inicial na fase *pretrail* tem quatro funções: (a) citação; (b) revelação dos fatos; (c) formulação da causa; (d) triagem para determinar o tamanho do litígio (aumentar ou reduzir – *constrict or expand the flow*). Dependendo do tamanho do litígio, mais ou menos detalhes serão necessários para possibilitar o julgamento da causa. No direito norte-americano, não se tem um "caso" até que se comprove para a corte que o conflito trazido merece atenção do sistema judiciário e que as provas serão suficientes para determinar um veredicto. (...) Esse momento processual não abrange a participação e a ingerência direta do magistrado. São os advogados que realizam a maior parte dos procedimentos de produção de provas, *acompanhados de um oficial de cartório que representa o juízo e confere oficialidade aos atos. Isso não significa que o magistrado não participa dessa fase, mas que suas intervenções são excepcionais, justificadas por falhas no andamento processual ou quando uma parte requer a participação do magistrado por sentir-se prejudicada. Os juízes devem apenas coibir eventuais abusos das partes e advogados, não interferindo diretamente na colheita das provas.* (...) Ademais, a fase da *Discovery* tem diversas utilidades, tais como: (a) a preservação de prova testemunhal na eventualidade de a parte não estar disponível no momento do julgamento; (b) auxiliar na formulação das questões a serem julgadas no processo; (c) solidificar o depoimento e evitar falsos testemunhos. (...) A adoção da fase da Discovery tem a vantagem de permitir às partes e aos advogados a avaliação dos pontos fracos e fortes do seu caso, melhor conhecer os riscos de levá-lo a julgamento e aumentar as chances de proposição de acordos para diminuírem tais riscos, que são fatores que contribuem para a efetividade da justiça. (...) A causa é julgada quando está amadurecida e com cálculo de riscos devidamente equilibrados pelas partes na fase da Discovery. O demandado, ao perceber que na revelação do demandante (*plaintiff*) não há conjunto sólido de provas, deve requerer um *motion for summary judgement*, ou seja, um julgamento de resolução da causa sem análise do mérito. (grifos nossos)

Ainda, o mesmo autor (*Idem*, p. 6) ressalta 05 (cinco) métodos de produção probatória, a ver:

Cinco são os métodos probatórios disponíveis para os advogados e as partes no *Discovery stage*: *depositions, interrogatories*, requerimento para produção e provas, requerimento para avaliação física e mental e requerimento para *admission* (confissão/admissão de fatos). *Depositions* são procedimentos orais ou escritos que podem incidir sobre partes e testemunhas a qualquer momento. Funcionam como uma espécie de "mini-julgamento" em que a pessoa ouvida comparece perante um *court officer* (funcionário juramentado do Poder Judiciário), presta juramento e responde às perguntas (não restritas às provas da *rules of evidence*) dos advogados de ambas as partes. Nas *depositions*, a inquirição pelos advogados e pela parte contrária *(cross-examination)* ocorre de forma livre, podendo procurar novas linhas de raciocínio para o caso e, ao final, é tomado nota em ata. A testemunha ou o depoente assina sob juramento. (...) *Depositions* podem substituir o depoimento das partes que não se encontrará apta a prestá-lo no momento do julgamento, por falecimento ou por se encontrarem distante do local do julgamento. *Interrogatories* são procedimentos escritos que podem incidir somente sobre as partes, as quais elaboram respostas às perguntas juntamente com seus advogados. Os *interrogatories* costumam ser utilizados para questões de conhecimento organizacional, que requerem investigações em registros corporativos. É uma forma ágil de se obter essa espécie de informação, quando o acesso pela via administrativa é mais difícil e/ou oneroso. (...) *Os exames físico e mental são os únicos procedimentos que permanecem sob total controle do juízo.* Nesse caso, para a obtenção judicial do documento, é necessário que a parte comprove que o exame é essencial para o deslinde do caso e que a comprovação do fato não pode se dar de outra maneira. Tal restrição visou resguardar a relação médico-paciente. (grifos nossos)

Portanto, desvinculada da declaração de um direito pelo Estado, *prima facie*. Aqui, não se pretende estudar cada instituto de forma isolada, ou mesmo aprofundar o instituto da *discovery*, porém ventilar essa técnica como mais uma alternativa à pré-constituição dos meios de prova nos JEF's *de lege ferenda*, por exemplo, lançando mão de um oficial da corte, como os oficiais de justiça.

A grosso modo, os métodos probatórios do *discovery stage* são: (i) *depositions*; (ii) *interrogatories*; (iii) requerimento para produção de provas; (iv) requerimento para avaliação física e mental; e, (v) requerimento para *admission*.

Para fins deste estudo, importa assinalar que as *depositions* podem incidir sobre partes e testemunhas a qualquer momento, as quais comparecem perante um *court officer* (funcionário juramentado do Poder Judiciário, que pode ser um oficial de justiça, ou mesmo um tabelião se com as vestes da ata notarial a ser visto em capítulo a seguir), presta juramento e responde às perguntas.

Convém frisar que a inquirição pelo INSS é realizada através de formulários com perguntas obrigatórias, como será aventado neste estudo, sem prejuízo do comparecimento naquela fase, caso assim entenda como melhor estratégia de defesa da Autarquia Previdenciária.

Por sua vez, caso os depoimentos não substituam os *interrogatories*, esses são procedimentos escritos que podem incidir somente sobre as partes, as quais elaboram respostas às perguntas juntamente com seus advogados, como seria o caso de um depoimento escrito, assinado, com reconhecimento de firma.

Visto isso, o procedimento *pretrial* viabiliza, aos sujeitos da demanda, que afiram a solidez das provas, os riscos envolvidos, bem como o tamanho da questão, podendo lançar mão do já citado *constrict or expand the flow*. Ou seja, poderão sugerir adaptações procedimentais e apresentar em juízo apenas parte do conflito e conciliar ou desistir parcialmente em relação a outras. O movimento contrário de expansão também se verifica quando se vê necessidade de dilação probatória mais robusta.

Nesse ponto, na linha de Direito e Justiça, vê-se que a análise consequencialista e econômica do direito, sobreleva-se em relevância, pois as partes saberão os custos e benefícios de uma futura propositura da demanda, contabilizando tempo, risco de [im]procedência, e outros fatores.

Lembrando que a pré-constituição da prova não se dá sem supervisão judicial, uma vez que os *pleadings* consubstanciam requerimentos de citação, de revelação dos fatos para determinar o tamanho do litígio, ou mesmo de determinação do pedido. As intervenções judiciais servem, então, para evitar abusos, tutelar vulnerabilidades, corrigir falhas processuais, evitar prejuízos unilaterais, dentre outros, sem transmudar o protagonismo dividido entre todos os participantes.

Repise-se, esta Obra compreende o programa Direito e Justiça, notadamente a análise econômica do Direito. Bem por isso, nada mais natural que os advogados possuam uma melhor avaliação dos pontos fracos e fortes de seu caso, a fim de conhecer os riscos de [eventual] julgamento. Tal medida, por si só, incrementará as proposições de acordos em prol da efetividade da justiça.

De outro modo, no direito anglosaxão inglês, na efetiva gestão do processo, utiliza-se de um judiciário pró-ativo, que engaje com os litigantes desde o início do processo, na resolução do processo.

Assim, tem-se advogados preparados para pôr de lado estratégias pré-processuais e atitudes adversariais do antigo regime inglês e que ajam de forma cooperativa com o Judiciário e seus oponentes (Dwyer, 2009, s.n.).

Uma das principais inovações consistiu em enfrentar parte dos problemas identificados com a publicação de orientações sobre como as partes deveriam proceder, antes de propor as demandas: os *pre-action protocols*.

Esses protocolos pré-processuais são orientações aos cidadãos sobre como agir no período entre o surgimento do conflito no âmbito social e a efetiva propositura da demanda com o fito de chamar a atenção dos litigantes sobre a conveniência de resolver conflitos sem litígio, permitir que obtenham as informações que razoavelmente precisa para entrar em uma resolução adequada ou fazer uma oferta adequada.

Logo, uma característica do sistema inglês de justiça civil consiste no fato de que a grande maioria dos casos são resolvidos sem julgamento, por negociação entre as partes ou seus assessores jurídicos. A maioria dos potenciais demandantes resolvem suas querelas sem iniciar um processo legal.

Promoveu-se com os protocolos, com a comunicação e a cooperação entre as partes, antes do ajuizamento da ação, definindo-se as condutas e os contatos que as partes devem ter, a partir do momento em que cogitem a possibilidade de um conflito de interesses culminar em uma demanda judicial.

Os protocolos lograram melhorar a comunicação pré-processual entre as partes, estabelecendo um calendário para a troca de informações relevantes para a disputa e fixando normas para o conteúdo da correspondência.

A observância dos protocolos permite às partes um juízo de viabilidade de seus casos mais cedo do que tende a acontecer normalmente, pois têm acesso prévio a informações imprescindíveis, tal como a *disclosure* do direito norteamericano.

A respeito da *disclosure*, caso aplicada em procedimento brasileiro, cumpre assinalar como ganha relevância a posse de informação na criação de expectativas e celebração de acordos, dentro de uma análise econômica do direito, senão note-se:

> (...) Quanto mais informadas as partes a respeito dos dados constitutivos dos elementos que referenciam a construção das expectativas recíprocas, maior é a tendência que as conciliações alcancem um patamar que reflita efetivamente a compensação devida dos danos sofridos.

> Em outras palavras, quando as partes estão simetricamente informadas a tendência é uma negociação muito próxima da compensação ideal, considerando a ponderação das expectativas de ambas as partes. De outro lado, quanto mais assimétrica a informação, maior é a tendência de que a parte que détem os melhores dados consiga alcançar seu interesse. O compartilhamento de informações, por isso, é um fator importante não tanto para uma análise da possibilidade de concretização de uma transação, mas para verificar o quanto esse mesmo ajuste se aproxima dos valores cogitados por ambas as partes envolvidas.
> Muitos sistemas jurídicos têm construído diversas estratégias processuais e materiais para permitir uma maior simetria de informações.
> O modelo americano, por exemplo, estabelece em vários casos uma audiência preliminar (extrajudicial ou não) onde as partes apresentarão as provas que possuem.
> A finalidade é óbvia: à medida que as partes corrigem as assimetrias pela recíproca demonstração de seus elementos de convencimento, torna-se possível imediatamente identificar a correspondência entre as expectativas e os dados efetivos; e isso, usualmente, possibilita uma maior taxa de conciliação. No Brasil, em última instância, essa é a finalidade da audiência preliminar do artigo 331 do CPC, que, contudo, acabou sendo desvirtuada (...). (Machado; Dias, 2021)

Essa fase, arejada pela Análise Econômica do Direito – AED –, funciona para incentivar o intercâmbio de informações entre as partes numa fase inicial do conflito e fornecer um quadro de calculabilidade, em que as partes – sujeitos racionais – atuando de boa-fé, podem explorar a resolução antecipada e adequada do litígio, notadamente com o aumento do número de acordo extrajudiciais. Com isso, impedir a sobreutilização do Poder Judiciário.

Em olhar pragmático, os autores citados concluem que os custos do processo e as expectativas de aceitação de certa pretensão são fatores decisivos na celebração de acordos, longe de derivarem de "propensão psicológica das partes" e sim de um "conjunto de elementos que são relacionados diretamente à busca de maximização dos interesses das partes" (*idem*, p. 416).

Diversas entidades colaboraram para o desenvolvimento de protocolos, definindo pontos como o conteúdo e o formato das notificações, meios e alternativas de respostas, sempre com uma orientação simples e prática.

É importante frisar que os protocolos são elaborados dentro de uma estrutura geral de supervisão da autoridade judicial. Quando um procedimento pré-contencioso é estabelecido para uma área de litígio, seu desrespeito por qualquer das partes será levado ao tribunal, à moda do sistema norteamericano, como na distribuição de custos ou para considerar qualquer pedido de prorrogação dos prazos.

Esses protocolos tornaram mais fácil para as partes obterem as informações que necessitam, através da utilização de formulários e questionários, sempre que possível. Este processo é acompanhado por poderes mais amplos para os tribunais para ordenar a divulgação de pré-processual.

Inclusive, os protocolos também são um importante meio de promoção da economia no uso de prova pericial, em especial, incentivando as partes a utilizar um único perito sempre que possível. Isso se sobressai no contexto brasileiro, em que, no ano de 2022, o orçamento para as perícias no âmbito dos JEF's foi colocado em xeque, prejudicando o andamento e a designação de data para elas, com o atraso na solução de milhares de demandas previdenciárias.

Entendeu-se que o sistema que deveria permitir às partes em litígio embarcarem em uma negociação construtiva, assim como viabilizar a identificação do litígio, porquanto garante que o mais cedo possível a obtenção das informações necessárias para definir suas reivindicações e apresentar propostas realistas.

Além disso, os protocolos deverão incentivar a utilização de mecanismos alternativos adequados para a resolução de litígios. Ainda, os protocolos de atuação pré-processual estabelecem como devem ser trocadas as informações, a fim de assegurar o contraditório e facilitar a compreensão do pedido, servindo, caso não se obtenha o acordo, de guia sobre como preparar a demanda. Há comumente a definição de um calendário para troca de informações na linha de Lord Wolf (2009, s.n.).

Os funcionamentos dos protocolos devem ser monitorizados e as suas normas de execução modificadas na medida do necessário, à luz da experiência prática. Inclusive, uma vez iniciado o processo, o tribunal vai examinar o comportamento das partes na fase pré-processual, considerando a conduta das partes durante a gestão do processo para adaptar o procedimento e a distribuição de custos.

Nessa fase anterior ao processo, curial saber que o *fact finding* divide o ônus probatório entre os advogados entre os advogados e o Tribunal, no direito anglo-americano (Pitta, 2019, p. 20), nas palavras do autor citado:

> (...) três três funções importantes no processo brasileiro, quais sejam: i. Deem maior liberdade aos advogados e partes para realizar o intercâmbio de informações e provas a serem utilizados no processo; ii. Concedam autonomia para partes e advogados para delimitar e estabelecer – dentro de um conjunto de regras concretas de eficiência e celeridade- regras procedimentais de forma negociada sem a interferência obrigatória do juiz; iii. Gerem impacto direto na quantidade de casos julgados/encerrados e impacto direto/indireto na qualidade dos julgados na sensação de justiça dos casos encerrados sem efetivo julgamento (*adjudication*).
> [...] Entre os objetos de estudo de maior interesse para a pesquisa estão os requerimentos iniciais (*pleadings*), a revelação obrigatória de informações e documentos (*disclosure*), os meios de prova utilizados na fase de revelação (*discovery*), os requerimentos para julgamento sumário (*motion for summary judgment*) e os protocolos pré-processuais (*pre-action protocols*).

Nesse ponto, a produção probatória não é algo de cariz "judicial" necessariamente, como se usualmente se pensa em um sistema isolado e autorreferente, inclusive, nesse âmbito privado e extrajudicial.

Claro que, como em toda proposta, já se estabeleceram críticas (Pitta, 2019, p. 76 e 77), ao que peço vênia para transliterar pela clareza da enumeração:

> Para os críticos da *liberal discovery*, o excesso de possibilidades faria com que pelo menos 4 problemas surgissem: 1– os advogados, pensando no sucesso próprio e da causa, resistiriam muito em revelar documentos e outras provas em posse de seus clientes; 2- a utilização da *discovery* influenciaria dramaticamente o tipo de casos e a forma como se resolveriam em acordos que não refletem o verdadeiro mérito; 3- a ampliação dos instrumentos faria com que a corte gastasse muito tempo estabelecendo regras e decidindo sobre a concessão de pedidos (*motions*); 4- a utilização expandida da *discovery* reduziria a frequência e importância dos julgamentos (Subrin, 1998, p. 706-707).

Nada obstante, considerando que ambas as experiências estrangeiras revelam grande êxito na resolução de conflitos, na medida em que somente casos mais complexos ultrapassam essa fase e alcançam a fase de julgamento.

Na esteira do professor Luiz Flávio Yarshell (2009, s.n), essa técnica processual tem se mostrado eficiente para contenção da litigiosidade e para o enfrentamento à grave crise que acomete o Poder Judiciário.

Hodiernamente, vê-se um Judiciário abarrotado de processos, com uma prestação jurisdicional lenta e ineficiente e com excessivo número de novas demandas, dentro de um Estado Democrático de Direito, regido por diretrizes constitucionais que garantem, em tese, a prestação de uma tutela jurisdicional célere, efetiva e justa a todos que lhe socorrerem.

Sob essa nova perspectiva, essas técnicas político-legislativas, tal como a *discovery*, de contornos mais democráticos e menos intervencionistas ao processo, servirão ao aprimoramento da ciência processual com a finalidade de estimular a autocomposição, convertendo o papel das partes de destinatários passivos da prestação jurisdicional a atores principais na condução e na resolução de seus próprios conflitos.

Vale acrescentar que, para a aplicação dessas técnicas, novos institutos jurídicos devem ser introduzidos ao ordenamento, com equilíbrio saudável em relação à conservação e à inovação, sem provocar forte quebra do presente com o passado, condensando a interpenetração das civilizações sem se desvencilhar do contexto sócio-cultural brasileiro.

A proposta aqui reside no deslocamento de servidores oficiais de justiça ou mesmo conciliadores cadastrados, devidamente capacitados, para acompanhar nessa fase pré-processual, a produção probatória, como mediador entre os sujeitos processuais, na gravação de depoimentos, interrogatórios ou admissões, sempre com supervisão do juízo a que vinculados.

A preocupação concentra-se, portanto, na celeridade processual para que se possa atender a segurança do tempo certo da duração do processo (art. 5º, LXXVIII) e na urgente e necessária contenção da litigiosidade.

4.1 Procedimentos formalistas e suas consequências: lentidão do trâmite processual, morosidade e inefetividade da justiça

De acordo com o que preceitua o artigo 5º, LXXVIII, da CFRB, redação dada pela Emenda Constitucional nº 45 (Reforma do Judiciário), todos, dentro da conjuntura judicial e administrativa, têm assegurados a razoável duração do processo (Brasil, 1988).

Assim sendo, a legislação constitucional e infraconstitucional deve se adequar a essa norma, tendo o objetivo de agilizar os processos, como a súmula vinculante e as reformas no Código de Processo Civil.

Além disso, o Judiciário deve-se adequar às novas tendências tecnológicas como o uso do *e-mail* e *whatsapp* para intimações, a teleconferência, o uso dos correios, a fim de diminuir o trabalho de oficiais de justiça e garantir o maior número de informalidade, como já acontece nos juizados especiais federais.

Também, o impedimento do uso anormal de recursos, na sua maioria protelatórios, deve ser mais restrito, como já acontece nos juizados especiais federais.

Por outro lado, o juiz, como impulsionador do processo, deve buscar a rapidez em sua composição, porquanto a morosidade do Judiciário afeta claramente os direitos fundamentais do cidadão. Tal andamento está ligado, fundamentalmente, à estrutura do Poder judiciário, que deverá adequar o equilíbrio entre o número de processos e dos juízes.

Inclusive, o processo moroso acarreta em uma falta de credibilidade do Poder Judiciário brasileiro, predominando reclamações e insatisfações (Marinoni, 1999, s.n).

No entanto, os Juizados, por serem regidos por regras processuais mais simples, como a celeridade, a simplicidade e a informalidade, foram criados para escoar rapidamente o procedimento da primeira instância. Reforçado pelo fato de que o juiz é imprescindível para a justiça, já que este tem o poder de dirigir o processo, conforme art. 139 do CPC, para buscar uma composição mais rápida do processo.

Nesse tom, o Código de Processo Civil prevê que "(o) Estado promoverá, sempre que possível, a solução consensual dos conflitos" (art. 3º, §2º), que "(a) conciliação, a mediação e outros métodos de solução consensual de conflitos deverão ser estimulados por juízes" (art. 3º, §3º).

Ainda, o CPC preconiza que "(s)e a petição inicial preencher os requisitos essenciais e não for o caso de improcedência liminar do pedido, o juiz designará audiência de conciliação ou de mediação" (NCPC, art. 334) e que "(a) produção antecipada da prova será admitida nos casos em que (...) a prova a ser produzida seja suscetível de viabilizar a autocomposição ou outro meio adequado de solução de conflito" (art. 381, inciso II).

Em virtude disso, a designação prévia de audiência de conciliação, no novo sistema jurídico-processual civil brasileiro, não veicula uma faculdade do magistrado, e sim imposição legal, a qual comporta temperamentos no âmbito da Justiça Federal, dadas as peculiaridades da conciliação com o Poder Público em juízo.

Isso porque, nada obstante esse cenário jurídico-processual, a experiência prática da Justiça Federal demonstra que ainda são raros os acordos celebrados pelo Poder Público considerados os parâmetros da indisponibilidade do bem público, da ausência de revelia e da supremacia do interesse público ainda que mitigados, cuja flexibilização não é objeto desta pesquisa.

Entretanto, na Justiça Federal, sendo a União, o INSS e demais Autarquias e Fundações os maiores litigantes, a designação imediata de audiência de conciliação prévia não traz nenhum proveito para o demandante no caso concreto. Ao contrário, obriga o comparecimento em ato processual inútil, o qual atrasa a marcha processual e o início do prazo para contestação.

Por estas razões, a despeito do disposto no art. 334 do Código de Processo Civil, este trabalho objetiva a dispensa da audiência de conciliação prévia e da de instrução e julgamento no curso processual, com o objetivo de antecipar a produção probatória para antes do início do processo.

Bem se vê, assim, que a designação prévia de audiência de conciliação, no novo sistema jurídico-processual civil brasileiro, não é mais uma faculdade do magistrado, mas sim imposição legal. Imposição essa que, evidentemente, comporta temperamentos no âmbito da Justiça Federal, dadas as peculiaridades da conciliação com o Poder Público em juízo.

Nesse contexto, vê-se que o advogado também tem a função de impedir demandas, participando cooperativamente. Inclusive, Luciano Timm *et al.* (2021, p. 390) ressaltam que:

> (...) em que pese a estrutura de honorários contratada e a possível boa-fé do contratado, remanesce o risco de que o advogado venha apresentar condutas prejudiciais a seu cliente e, mesmo que momentaneamente, favoráveis aos seus próprios interesses, face ao surgimento de possíveis conflitos de interesses. Nesse sentido, por exemplo, podem ocorrer casos em que a realização de acordos, por mais favoráveis que sejam, podem não ser efetivamente concretizados, vez que podem não interessar aos procuradores, sendo que, todavia, resta difícil ou mesmo impossível para os clientes monitorar ou avaliar tal situação. (Timm; Trindade, 2021)

Continua o autor, no artigo "(p)or que as reformas processuais não dão certo? Uma inquisição para além da dogmática jurídica" (*idem*, p. 425), nos seguintes dizeres:

> Percebe-se que o abarrotamento e a consequente morosidade do judiciário são consequencia de uma amplitude de elementos internos (micro) e externos (macro) ao poder judiciário. É o conjunto de tais elementos, sem solução, que deve tornar real a *tragédia* da exaustão da prestação judicial. Ou seja, se o quadro diagnosticado acima continuar evoluindo da forma como está, o nível da prestação judicial tende a decair até o ponto em que a satisfação dos direitos passará a não ser mais atendida da forma adequada. (...) cada novo ingresso de agente explorador de recursos (ações judiciais) em um determinado espaço (judiciário) provoca uma redução no rendimento marginal (qualidade da prestação jurisdicional) tendendo a aproximar-se do nível de preços (limite onde a satisfação dos direitos ainda é atendida), quando esse rendimento marginal coincide com o nível de preços ou passa a estar abaixo dele, o que se terá é a dissipação completa do rendimento marginal (fim da satisfação dos direitos) de todos os exploradores do recurso e, portanto, diante de um resultado trágico.

Assim, para conquistar tais objetivos, cumpre assinalar que o sobreuso da estrutura judicial dos JEF's deve ser minimizada mediante o estabelecimento de critérios, por se tratar de bem público comum.

E, para isso, é importante que se ofereça uma linguagem clara e acessível, sobre a estrutura e o funcionamento, bem como sobre a atuação – positiva – do Judiciário junto.

Abandonando a tradição romanista, é chegada a hora de analisar os reflexos consequencialistas na estrutura social do processo individual. Sem rompantes bruscos com a ritualística processual, nos limites do devido processo legal, o procedimento de embate entre os sujeitos processuais deve proporcionar baixo custo transacional, agilidade e efetivação do bem da vida buscado em melhora qualitativa.

CAPÍTULO 5

A PRÉ-CONSTITUIÇÃO DA PROVA NO ÂMBITO DOS JUIZADOS ESPECIAIS FEDERAIS

5.1 Conceito de prova

Antes de adentrar na questão da prova pré-constituída, cabe alguns esclarecimentos acerca da prova, sendo ela concebida com a veracidade de uma informação, a partir daí, afirma-se que ela é a significação daquilo que é autêntico (Farias, 2014, p. 583) ou "a representação de um fato e, por consequência, a demonstração da realidade" (Ferreira; Rodrigues, 2021, p. 71).

Consabido que, dentro dos aparelhos jurídicos, o direito judiciário considera mais as provas produzidas em juízo sobre o crivo do contraditório e da ampla defesa, no entanto, em alguns sistemas, predominam as provas produzidas em uma fase pré-processual.

Segundo João Batista Lopes (2006, s.n), o aspecto subjetivo da prova consiste na convicção que se forma no espírito do julgador a respeito das alegações presentes no processo.

Consequentemente, a prova deve passar por três exigências: (i) deve ser admissível, isto é, não pode ser proibida por lei; (ii) deve ser pertinente, ou seja, deve se referir aos fatos sobre o quais versa o litígio; e, (iii) deve ser concludente, ou seja, deve elucidar a questão discutida e estar apta a convencer o magistrado sobre os fatos alegados ou negados.

Nesse diapasão, Humberto Theodoro Júnior (2015, s.n) ensina que o Código de Processo Civil brasileiro distingue a prova conforme a sua força, em prova plena e prova semiplena.

Nessa perspectiva, a prova plena, também dita prova inteira ou completa, é a que produz um convencimento com elevado grau de certeza, capaz de assegurar as decisões com consciência reta, ao passo que a prova semiplena, ou não completa, é a que produz alguma fé, mas não o suficiente, por si só, para chegar-se a uma justa decisão do litígio.

Nesse ponto, importa assinalar que a escritura pública constitui prova plena, perfeita, completa e segura, redimensionando o ônus da prova antes de qualquer demanda, bem como a produção de ata notarial, a que o tabelião apõe sua fé pública, delegada pelo Estado.

Defende-se aqui, a ata notarial, com a potencialidade do pedido de justiça gratuita, como outra alternativa para os depoimentos e substitutivo da audiência de instrução e julgamento no âmbito dos JEF's.

Assim, a pré-constituição não se dá apenas sobre elementos fáticos, ou seja, provas dos acontecimentos que são característicos do direito do autor, mas também se estende para a demonstração das razões de direito do adversário e fatos contrapostos, que poderão ser alegados pela parte adversa, nas tratativas pré-processuais (Menezes, 2011, s.n).

Neste estudo, vê-se que esse acervo de provas e alegações, gravados em vídeo e degravados, ou declarados na presença de um oficial de justiça à moda do *discovery*, ou a produção de ata notarial, explicita o debate das partes sobre os fatos e direitos em que se funda a pretensão e, de forma alguma, exclui ou reduz o direito fundamental ao contraditório no curso da ação.

Todavia, facilita para o magistrado não apenas o exercício do poder de julgar como também o exercício do poder de adequação do procedimento, na medida em que conhecerá mais profundamente os argumentos e as provas de ambas as partes, e sob esse pálio, poderá ditar melhor a marcha processual.

Nesse contexto, convém sublinhar a classificação dos poderes do juiz (Menezes, 2011, s.n), concentrados em cinco momentos, são eles: (i) o poder de admitir ou inadmitir a demanda, iniciando ou não o processo; (ii) o poder de adequar o procedimento, estabelecendo como será o curso processual; (iii) o poder de estruturar a acervo probatório, deferindo e indeferindo provas, fiscalizando sua produção e determinando-a de ofício, quando necessário; (iv) o poder de julgar os pedidos e extinguir o processo inapto a prosseguir; e, (v) o poder de coerção, que concretiza a decisão judicial pelo exercício da força do Estado, no caso de recalcitrância de quem deva cumpri-la.

Por sua vez, inexistindo para o réu surpresa e viabilizando o enfrentamento de todos os pontos suscitados na inicial, no mínimo, espera-se uma contestação com impugnação específico, fora das contestações-padrão hoje aferidas no contexto dos JEF's na defesa judicial do INSS.

As alternativas veiculadas no presente trabalho, vale reiterar, não cogitam, em nenhum momento, subtrair do réu o direito à ampla defesa e do contraditório endoprocessuais.

Ao revés, a própria pretensão autoral virá melhor delineada e poderá ser melhor exercido o direito de defesa, que é o direito de se defender provando, acompanhado aquela todos os elementos argumentativos e probatórios do autor (Greco, 2006, p. 20).

Atente-se que também para o réu interessa a expectativa de boa preparação da demanda, firmando-se o entendimento pela relevância do contato prévio, percebe-se que sua ausência prejudicará o próprio autor, que ficará anos esperando a colocação de sua audiência em pauta, já estourada nos JEF's.

Em certa medida, pode ser feito uma comparação entre a teoria da substanciação do processo civil, reforçada pela teoria da asserção, as quais exigem uma narrativa de fatos e fundamentos jurídicos.

Nesse sentido, a aproximação com a teoria da exposição, em que dados probatórios dos pressupostos processuais já poderiam ser exigidos em um primeiro momento, seria de bom grado em determinadas demandas.

E, dando mais um passo, uma aproximação com o regramento do mandado de segurança, que já exige um direito líquido e certo. Esse apanhado breve serve a refletir que não é estranho ao Direito Processual a exigência de produção probatória mínima na fase pré-processual, o que foi reforçado pela releitura constitucional do interesse de agir em temas como Danos pessoais causados por veículos automotores de via terrestre – DPVAT, benefícios previdenciários, dentre outros.

Em vista disso, se implementada tal medida, com as devidas cautelas, espera-se redução da taxa de congestionamento do Judiciário, inclusive o Estadual atinente à competência delegada em matéria previdenciária, haja vista a expectativa de recrudescimento dos acordos entabulados entre o Instituto Nacional de Seguro Social – INSS e os autores dos Juizados Especiais Federais – JEF's.

Ademais, sem prejuízo de ulterior ampliação e renovação na resposta no curso do processo, o réu poderá antecipar os argumentos e as provas com o fim de realização de acordos, ou mesmo com o levantamento específico de dúvidas que o autor poderá trazer à baila no curso processual e saná-las para a obtenção de um julgamento mais informado e completo.

5.2 Fase e a prova pré-processual

A Constituição Federal de 1988 é considerada um marco no que diz respeito às garantias do direito ao contraditório e à ampla defesa.

Afirma-se que, a partir de então, no Brasil, passou a existir um direito constitucional de defesa, já que o art. 5º, LV, da Magna Carta instituiu que aos que estão em contenda processual judicial ou administrativo, e aos acusados em geral são assegurados o contraditório e ampla defesa, com os meios e recursos que são a eles inerentes (Farias, 2014, p. 587).

Com a constitucionalização do direito de defesa, nasceu também o direito constitucional à produção de provas. Com efeito, o exercício do contraditório e da ampla defesa se realiza pelos meios e recursos e se perfectibiliza pela produção de provas pelas partes e pelos seus advogados.

Nesse sentido, pode-se constatar, sem dúvidas, que, a partir da promulgação da Magna Carta brasileira, em 1988, positivou-se "o direito constitucional à prova" (Farias, 2014, p. 587).

Em tal contexto, os princípios constitucionais forçam a realização de uma "releitura axiológica do ordenamento a partir da concepção de princípios" (Bedê Júnior; Senna, 2009, p. 31), com respeito aos demais vetores como o contido art. 5º, LVI, da CFRB, estabelece que não serão admissíveis "provas obtidas por meios ilícitos".

Destarte, *a contrario sensu*, todo tipo de prova lícita é admitida no sistema jurídico brasileiro. Tendo isso em mente e que a prova tarifada não é mais presente no sistema jurídico brasileiro, infere-se que é permitido todo e qualquer tipo de prova sem hierarquia das provas (Brito, 2005, p. 226). Enfim, sobre a finalidade da prova, Farias escreve que:

> Serve a prova, assim, como fundamento, como lastro necessário para a demonstração de determinadas situações (existência ou não de um contrato, por exemplo) e de deliberação sobre determinados acontecimentos (decisão judicial resolvendo o conflito de interesses) (Farias, 2014, p. 584).

A partir do que foi descrito anteriormente, este mesmo autor diz que a reconstrução possível de fatos passados para demonstrar a existência ou não do acontecido é a premissa para que, posteriormente, delibera-se sobre o litígio.

Note-se que não se pode olvidar que é impossível, tomado em termos absolutos, reconstruir a verdade real, já que a prova serve como forma de persuasão a partir da reconstrução de fatos de acordo com as percepções humanas e, logo, falhas (Farias, 2014, p. 598).

No que diz respeito à produção da prova pela parte e pelo seu advogado, em fase pré-processual, de forma privada, ou com auxílio do juízo, por intermédio de uma ação cautelar de produção antecipada de provas (*ad perpetuam rei memoriam*), ou mediante as alternativas tratadas ao longo deste estudo, sobressai em relevância sua realização no momento que nasce o conflito de interesses.

Visto os institutos norteamericanos, por exemplo, tais medidas incutem a elevada utilidade da regulação da conduta pré-processual das partes e dos advogados, a exemplo dos *pre-action protocols* e da *disclousure* do direito anglosaxão e a similar desta no direito estadunidense, a *discovery*, tratada no capítulo anterior.

Assim, a pré-constituição probatória evidencia a preparação adequada da demanda, a qual viabiliza a superação dos filtros legítimos à propositura de ações.

Não se objetiva criar um ônus jurídico de preparação da demanda na fase pré-processual, uma vez que tais alternativas vigoram no âmbito da consensualidade e facultatividade, sempre restará aberta a via jurisdicional, portanto.

Ocorre que, compreendido o acesso à justiça sob a perspectiva de uma tutela jurídica efetiva, o magistrado deve exercer um juízo sobre a superação ou não desses filtros pela parte que propõe a demanda, com o fito de realizar um juízo de admissibilidade da demanda mais apurado, o qual examina a conduta pré-processual das partes e se o ônus de preparação adequada da demanda foi bem desempenhado.

Nesse vértice, venho escrevendo, em outros trabalhos sobre a ressignificação da concepção de "acesso à justiça" como acesso à uma resposta meritória rápida e razoável (Gomes, 2021, p. 245-255).

É possível, então, afirmar que a produção de provas no sistema jurídico brasileiro pode ser pré-processual e processual, considerando que a prova produzida em juízo, por vezes, pode ser demorada, o que pode acarretar lentidão na resolução da lide pelo Poder Judiciário, com enfoque nas pautas de audiências dos JEF's.

Isso porque a separação da prova obtida antes do processo e depois da sua instauração não ostenta razão de ser, pois o contraditório pode ser na modalidade diferida, ou mesmo concomitante via perguntas obrigatórias ou pelo *deposition*, e ilicitudes podem ser levadas ao juiz e ocorrer no curso pré ou pós-processuais.

Contudo, é preciso perceber que uma prova pode violar simples regras do procedimento probatório, cuja necessidade de observância não é imprescindível para a proteção das garantias da parte e dos direitos fundamentais processuais.

Por conseguinte, como visto, o ponto fundamental para reduzir a litigiosidade e a judicialização, bem como fomentar o princípio constitucional da razoável duração do processo, reside na produção de provas na seara extrajudicial, ou melhor, na fase pré-processual.

Nesse sentido, ainda, vê-se que a prova pré-constituída consiste na prova que antecede ao processo e a sua origem, independente do nascimento do litígio. E, apenas quando ela é trazida por uma das partes para o processo, assume natureza processual e passa a fazer parte da instrução com o objetivo de compor o lastro probatório.

Por sua vez, a produção antecipada de prova pode ser requerida como um incidente processual, no bojo de um processo já em curso (ou com base no art. 139, VI, CPC, ou com base nas regras sobre tutela provisória de urgência). Sobre o assunto, o magistério de Marinoni, Arenhart e Mitidiero (2016) destaca que o magistrado deste processo não está vinculado a eventual "valoração" da prova que pudesse ter ocorrido neste primeiro procedimento, assim discorrem que:

> Em razão disso, e se levando em consideração que é dever do juiz deste procedimento a análise e valoração da prova cuja colheita ele preside, a lei processual proíbe o magistrado da medida de antecipação de prova de formular qualquer juízo a respeito da prova obtida (art. 382, §2º) (Marinoni, Arenhart e Mitidiero, 2016, p. 315).

Não obstante, há entendimento (Yarshell, 2009, s.n.) de que a prova obtida antecipadamente e autonomamente não é efetivamente produzida, porquanto se diferencia a conservação da prova da produção da prova. Tal distinção, no entanto, desconsidera o conceito de fonte de prova, pois parte da premissa, ainda que implícita, de que a prova só se produz quando é feita para o órgão judicial que a valorará e que, portanto, dirá o direito no caso concreto.

Por razões tais, talvez o ponto que tenha gerado mais controvérsias em relação às disposições legais atinentes à ação de produção de provas seja o da vedação de defesa ou recurso expressada pelo §4º do art. 382 do Código de Processo Civil, haja vista que, em recochete, tal medida violaria o princípio do contraditório, tornando-a inconstitucional.

Assim, compreende-se, para fins deste trabalho, que, em todas as alternativas sugeridas, o contraditório – em certa medida – estará presente nas provas pré-constituídas, com possibilidade de controle judicial concomitante ou posteriormente a sua formação. Por conta disso, vejamos a formação procedimental nos JEF's no próximo item.

5.3 Produção de depoimentos por vídeo com perguntas obrigatórias

Como introduzido neste estudo, propõe-se, como já possível dentro do ordenamento jurídico brasileiro, a realização de um acordo entre as instituições públicas envolvidas, a OAB, o INSS e sua Procuradoria Federal, e o Poder Judiciário. Esse convênio teria o objetivo de criar formulários com perguntas-padrão, quesitos padrões, assim como já ocorre com contestações padrões e com a quesitação obrigatória na atuação regionalizada da Procuradoria Federal na Autarquia Previdenciária.

Tal perspectiva se reforça no âmbito do Tribunal Regional Federal da 3ª Região, diante do Ofício nº 00003/2022/C GERAL/ER-PREV-PRF3/PGF/AGU, NUP: 00409.668690/2021-49, com base no Ofício nº 332/GP/2022, de 02 de junho de 2022, do Ministro Luiz Fux.

Nele, destaca-se que a Procuradoria Regional Federal da 3ª Região não comparecerá às audiências judiciais, especialmente as de natureza previdenciária, direcionando os esforços para, no momento da citação, apresentar proposta de conciliação, sempre que possível, ou contestação fundamentada que permita ao Judiciário compreender as razões pela ausência do direito no caso em litígio, em virtude de novas estratégias de gestão.

Assim, o Ofício continua afirmando que, com base nos princípios da eficiência e com o objetivo de melhor defender a Autarquia Previdenciária, em consonância com a racionalização dos procedimentos, mesmo sem a realização de audiências, desde agosto de 2017, a própria Autarquia Previdenciária passou a utilizar autodeclaração, prova documental e consulta aos sistemas para a análise administrativa do reconhecimento da qualidade de segurado especial.

E conclui que registra total confiança nos atos praticados pelo Poder Judiciário e não apresentará objeções caso o(a) Magistrado(a) entenda pela realização da audiência ou não, nos termos orientados pelo Ofício nº 332/GP/2022, mesmo com a ausência da Procuradoria Federal no ato processual.

Importa ressaltar que tal medida já é adotada nas subseções de Jales e Registro, no âmbito do Tribunal Regional Federal da 3ª Região, com uma lista de perguntas obrigatórias apresentada pelo INSS e pelo juízo. Isso ocorre porque se o INSS pode reconhecer o direito, também pode acolher o vídeo como prova, inclusive para acordos, contestações e conciliações, uma vez que não vigora mais o sistema de prova tarifada, salvo algumas exceções.

Ainda, o Ofício-Circular nº 7, de 26 de julho de 2022, do GACO, já atualizava a quesitação obrigatória para os benefícios por incapacidade, ao passo que padronizava a formatação dos laudos socioeconômicos, já dispostos no Ofício-Circular nº 13, de 03 de maio de 2017, praticado pela Coordenadoria dos Juizados Especiais Federais da 3ª Região.

Cabe aduzir que, recentemente, emitiu-se, em 22.06.2023, Nota Técnica contendo os resultados do Projeto-piloto nº 1/2022, mencionado anteriormente, nas Subseções de Jales e Registro, denominada "Instrução Concentrada", aplicada para Aposentadoria Rural e Aposentadoria Rural Híbrida, na qual se noticia a adoção de vídeo como depoimento pessoal, assim como a oitiva de testemunhas, ou mostra do local de trabalho por intermédio de vídeo.

Em arremate, conforme narrado acima, de se gizar que a quesitação-padrão já estaria em prática nas Subseções de São Paulo e Santos, há pelo menos 10 (dez) anos, e a produção de vídeos, desde 2022, em Jales e Registro.

Nada obstante, neste trabalho, não se aborda exatamente a quesitação-padrão, ou a instrução concentrada, uma vez que as propostas até então praticadas devem adentrar ao processo na categoria de documentos, que não precisam ser materializados em papeis, tais como os vídeos, somado ao fato de que, diferentemente das atas notariais, ao advogado não é dado tomar depoimento sob ameaça de cometimento de falsidade ideológica na mentira ou omissão de informação relevante.

Veja-se que, neste trabalho, a finalidade é outra, explicita-se na produção documental consensual, em negócio jurídico bilateral ou trilateral (com a participação do Judiciário de forma Resolutiva e ativa, conquanto imparcial), na produção antecipada de vídeos que serão valorados como documentos para subsidiar acordos pré-processuais, contestações específicas, ou mesmo a concessão de tutelas antecipadas ou de evidência, não modeladas no sistema Pje, com a inversão da equação do tempo em prol do jurisdicionado.

Assim, são visões diferentes do mesmo fenômeno, com base no artigo 320, 355, I, 356, II, 357, V, §3º, 362, I e II, 369, 370, 371, todos do Código de Processo Civil, inclusive podendo o juiz, de ofício, determinar a produção de provas necessárias ao deslinde do mérito, admitindo-se inclusive termo por escrito em ata notarial, conforme explanado neste trabalho. Repita-se, por oportuno, que a finalidade do vídeo é probatória, documental, para subsidiar julgamento imediato, liminar, ou acordo na visão adotada neste trabalho.

Nessa senda, explica-se que o contraditório é um direito e não uma obrigação, e a produção do vídeo tem os cuidados prévios, como a formulação de perguntas pelas partes que participariam da audiência, o INSS e o Juízo. O Juízo não tem o dever de proteger o erário público sob pena de parcialidade, mas tem o dever de analisar a existência do direito com base nas provas dos autos e nos requisitos normativos vigentes.

Na subseção de Jales, inclusive, está em produção uma nota do Centro Local de Inteligência da Justiça Federal de São Paulo (CLISP) nesse sentido. Assim, o jurisdicionado assume um compromisso antes da produção do vídeo, semelhante a um negócio jurídico processual que já possui base normativa nos artigos 190 e 191 do CPC.

Na prática da 3ª Região, as audiências são realizadas sem a presença da Procuradoria, representante do INSS, e o Juízo, na sua imparcialidade, deve abster-se de formular perguntas em busca de contraditório pela parte ré, que está ausente no processo. Portanto, a testemunha responderá perguntas e já estará preparada pelo advogado, seja no âmbito extrajudicial, seja no âmbito judicial. O Juízo deve fazer apenas perguntas complementares, não assumindo o papel da Procuradoria Federal.

A própria Procuradoria, conforme indicado no Ofício, solicitará a designação de audiência para casos estratégicos, assim como será facultado à parte autora. Essa opção resulta do diálogo produtivo entre a OAB, o INSS e o Judiciário. Dessa forma, a Procuradoria participará da instrução judicial nos casos de abuso noticiados por ela por meio de impugnação, de forma semelhante ao procedimento da *discovery*.

Cabe ressaltar que o vídeo será incorporado ao processo como prova documental e não como prova testemunhal, embora sejam similares.

Cumpre ressaltar que o direito à produção de prova em juízo será sempre resguardado, pois a antecipação visa atender aos interesses do próprio cliente/jurisdicionado, o que já se extrai da interpretação dos artigos 381 e seguintes do CPC.

Isso porque os dois objetivos principais repousam na ideia da prova para fins de autocomposição ou outro meio para que se resolva o conflito, bem como para se conhecer previamente os fatos, para que se possa justificar a entrada da ação.

Inclusive, considerando a revisitação da ausência de revelia e seu efeito material em matérias defendidas pelo poder público, o que foge ao objeto deste trabalho. Há também a vida da justificação, que também não será objeto deste trabalho dados os limites já traçados no corte temático.

Essas medidas gravitam em torno do problema do assoberbamento de audiências, com marcação de pautas para anos depois da apresentação da exordial, com incremento de atrasos na concessão do direito (mesmo com o instrumento da tutela de urgência) e risco premente de perda de objeto.

Com respaldo no interesse público, a disputa judicial, já bem amadurecida com o documento-vídeo e sua degravação subsidiando a exordial, quando levado a juízo, amortece o perigo de opiniões pré-concebidas e beneficia a formação de uma decisão mais aberta e ponderada, inclusive para contestações e decisões liminares não modeladas.

Tal medida atua assim, como uma evidente ferramenta de democratização do processo. No próximo capítulo, será demonstrado que essa linha de pensamento se coaduna com as práticas processuais norteamericanas.

Isso porque dentro de um modelo cooperativo de processo, as partes têm o direito e até o dever de serem ouvidas e de influenciarem nas decisões judiciais não apenas no que concerne à argumentação fática, mas também na decisão da norma jurídica que será colocada no caso concreto.

Ademais, mais do que na escolha de qual norma deve ser aplicada ao caso em exame, as partes podem ainda influir na interpretação e no alcance que será dado ao diploma normativo aplicado.

Por sua vez, o tecnicismo e o formalismo, no âmbito dos JEF's, não podem se colocar como obstrução à efetiva e correta aplicação do direito e à justiça do caso que está sendo julgado.

Sustenta este trabalho, também, que essa participação ativa assume índole probatória, agindo para melhor composição do quadro da prova das alegações no processo, com a produção prévia documental por intermédio de gravações de depoimentos e suas degravações, nos meandros da colaboração processual no formalismo-valorativo.

Não se vislumbra nisso nenhuma invalidade ou ilegalidade, porém, ainda que se pense a dispensa de audiência como irregularidade processual, passo a tecer os seguintes esclarecimentos.

Sabe-se que, dentro do sistema de invalidades processuais, o dogma vige no sentido de evitar, ao máximo, a decretação de nulidades. Assim, quando da análise de um defeito de algum ato no processo, deve-se levar em conta dois elementos: primeiro, se o ato atingiu a finalidade a qual se dispôs; segundo, se houve algum prejuízo pela violação formal (*ultima ratio*).

Essa análise deve ser norteada pelos princípios da proporcionalidade, da economia processual e da cooperação. Considerado isso, respeitado o dever de consulta, bem como o alcance da finalidade e do prejuízo causado pelo ato que se pretende invalidar, tal proposta deve ser feita de forma dialogal com as partes, via convênio e acordos facultativos via de regra.

Mister ressaltar, a essa altura, quão adequado seria a realização dessa gravação preliminar a viabilizar, caso não fosse possível realizar uma conciliação, um momento propício para, resolvidas as pendências da fase postulatória, decidir-se uma tutela antecipada e contestação, a partir de um diálogo com as partes; e por fim, o rumo que será dado ao processo judicial.

Nessa ocasião da gravação, imprescindível que o magistrado e o INSS já declinem para as partes quais pontos considera relevantes para serem solucionados por intermédio da formulação de perguntas obrigatórias a serem feitas pelo advogado em depoimento gravado de seu cliente e testemunhas, as quais não precisarão se deslocar ao fórum, facilitando o alcance probatório, haja vista o não comparecimento de muitas testemunhas dado o custo do deslocamento.

Essa proposta vai ao encontro do dever de esclarecimento quanto às dúvidas que tenha sobre as suas alegações, pedidos ou oposições em juízo, de modo que se evite que a sua decisão se baseie na falta de documentos e informações e que a verdade não seja investigada, na esteira de Lúcio Grassi (2006, n.p).

Desta feita, o sujeito processual tem o direito de ter conhecimento do resultado da diligência, a exemplo da gravação de depoimentos, para que, julgando necessário, a parte possa se manifestar especificamente ou apenas use as informações dadas para guiar sua ação dentro do processo.

Nessa senda, advindo do princípio cooperativo, as partes são obrigadas a comparecer sempre que forem notificadas a prestar esclarecimento, o que poderá ser usado no caso de contradições e omissões vislumbradas nos depoimentos degravados, a que se remete o texto anteriormente escrito.

Nessa ordem de ideias, cabe aduzir a ideia de que o juiz não deve apenas contar com o substrato fático que lhe foi trazido pelas partes. Isso porque o dever de esclarecimento dá ao magistrado o poder-dever de buscar esclarecimentos sobre fato que julgue relevante e cujas informações não se mostram subsistentes.

Pois então, conforme se defende no presente trabalho, a ideia de retirada de alguns processos nos quais o INSS não comparecerá na audiência, nitidamente os de caráter previdenciário e assistencial, lançando mão de depoimentos gravados e degravados, manterá um canal aberto de diálogo capaz de aclarar os pontos obscuros que poderiam frustrar os planos de se chegar a uma solução justa para o litígio já no início processual, agilizando a prestação jurisdicional ao cidadão.

Tal medida se coaduna com o dever de prevenção, também chamado dever de proteção, na medida em que se preocupa com os escopos processuais de paz social e justiça, consiste no dever do juiz de alertar a parte sempre que [ela] utilize de forma indevida suas prerrogativas dentro do processo. Aqui, transcende os interesses individuais, uma vez que há uma preocupação com o alcance dos fins do processo, ou seja, com a resolução das lides que possam afetar a paz social e o convívio pacífico entre os homens em sociedade.

Por força disso, a medida do depoimento degravado concretiza o dever de prevenção, ainda no início do processo, quando da propositura da inicial, caso o juiz perceba que a mesma padece de alguma mácula que, se não for corrigida, comprometerá o desenvolvimento regular do processo, bem como a produção probatória documental, ainda que gravada em meio audiovisual, terá a participação dos demais sujeitos por intermédio do formulário obrigatório, suplantando a designação de audiências que não atingem a finalidade que pautam.

Assim, defende-se tal medida, dentro do modelo processual de cooperação, em observância aos princípios do contraditório, da ampla defesa, da economia processual e da instrumentalidade das formas, em prol do dever de prevenção e de consulta em democratização do processo judicial no âmbito dos JEF's.

Dessa forma, tal medida será adequada para economizar tempo, ação, gastos financeiros e mais trabalho ao Judiciário, que poderá focalizar na elaboração de minutas de tutela de urgência, sentenças e despachos para realização de perícia, dentre outros. Condizente com isso está a forma de conduzir o processo pelo Estado-Juiz, submetido à visão material do processo ao contraditório prévio do demandante antes de decidir assimetricamente.

Nesses casos, o cumprimento do dever de prevenção, além de atender às garantias constitucionais processuais, mostra-se bem mais lógico para os escopos processuais de justiça e paz social.

Não se vê sentido, apenas por uma questão de formalismo, participar de uma audiência de instrução, na qual ausente o INSS, sem depoimento pessoal, devendo o juiz, através da sua por imparcialidade, abster-se da defesa do erário, e o advogado, sozinho, construir uma narrativa. Aqui, o raciocínio deste trabalho parte da prática verificada nos juízos para a teorização de alternativas menos custosas e mais econômicas à luz da análise econômica do direito.

Claro que, na mão do dever de auxílio, o juízo atuará de forma positiva com o intuito de afastar empecilhos que possam obstar a atuação da parte na defesa de seus interesses, conforme o caso concreto posto em juízo. Tudo com vistas a assegurar a tutela jurisdicional adequada e efetiva, subsidiado pelo princípio da adaptabilidade, segundo o qual é permitido ao juiz, no caso concreto, adaptar o procedimento de modo a melhor afeiçoá-lo às peculiaridades da causa.

Na esteira, Oliveira (1999, n.p) afirma que o contraditório volta a ser apreciado como uma ferramenta imprescindível ao aprimoramento da decisão judicial, e não apenas como uma regra formal que deveria ser observada para que a decisão fosse válida. O panorama que se encontra hoje é a designação formal de audiências nas quais apenas o juiz e o advogado compareçam, prejudicando eventual depoimento pessoal, bem como um contraditório efetivo e individualizado conforme as cores do caso sob exame.

Bem por isso, não se adota o modelo dispositivo nem o inquisitorial, mas sim o cooperativo e modelo comparticipativo de processo, e seus deveres consectários acima expostos, sem destaques a nenhum dos sujeitos processuais, modelo esse mais apropriado para construção de um processo civil democrático nos JEF's.

Por isso, a comunidade de trabalho deve ser revista dentro do ponto de vista policêntrico e coparticipativo, separando todo protagonismo e se estruturando a partir do modelo constitucional de processo.

Assim, com tudo que foi apresentado nos parágrafos acima, afirma-se que a decisão judicial é produto da atividade processual em cooperação.

A superação desses obstáculos é um desafio constante dos magistrados e servidores que atuam nos Juizados, exigindo novas iniciativas de estreitamento dos laços interinstitucionais para que as partes não sejam prejudicadas na realização dessa prova, que é essencial ao deslinde dos processos para obtenção de uma justa solução.

5.4 Ata notarial e a produção de provas antecipada

Em linhas gerais, ata notarial consiste num instrumento público, de competência exclusiva do tabelião de notas e que tem por objeto a narrativa de fatos, assim, explica Brandelli (2004), que segundo a história, a carta de Caminha foi considerada primeira ata notarial em solo pátrio, devido seu caráter narrativo, como também pelo fato dele estar investido do título de escrivão. Neste ponto, veja-se:

> A primeira Ata Notarial, foi narrada ao rei de Portugal a descoberta e a posse das novas terras, apesar de ter sido lavrada sob outra designação, a carta de Pêro Vaz de Caminha, levada a Portugal por Gaspar de Lemos, e que é o registro de nascimento do Brasil, constitui se efetivamente na primeira Ata Notarial lavrada em solo pátrio, uma vez que lavrada pelo escrivão da armada e dada a sua natureza narrativa (Brandelli, 2004, p. 42).

Após isso, somente em 1994, com a Lei nº 8.935, mediante previsão no artigo 7º, inciso III, a ata notarial adentrou ao ordenamento jurídico brasileiro. Antes da Lei nº 8.935/1994, já existia uma autorização tácita para a lavratura de Atas Notariais, conforme se observa no artigo 364 do Código de Processo Civil de 1973, *in verbis*: "(d)ocumento público faz prova não só da sua formação, mas também dos fatos que o escrivão, o tabelião, ou o funcionário declarar que ocorreram em sua presença" (Brandelli, 2004, p. 41).

Explica José Antônio Escartin Ipiens (1992, s.n) que a ata notarial é um instrumento público de certificação dos fatos jurídicos, uma vez que, a pedido da pessoa interessada, o tabelião ou seu substituto, em forma narrativa, autentica os fatos apresentados sem emitir opinião própria, juízo de valor ou conclusão.

O autor indica também que esse instrumento tem por objetivo verificar a realidade ou verdade de um fato que o notário vê, ouve ou percebe por seus sentidos, tendo um fim precípuo servir de base probatória para fins jurídico, notadamente eventual processo judicial, sem prejuízo dos demais fins na esfera privada, administrativa registral, e, inclusive, integradores de uma atuação jurídica não negocial ou de um processo negocial complexo, para sua preparação, constatação ou execução.

Salienta este mesmo autor que quem certificar e autenticar determinado fato significa que houve confirmação por parte do notário (ou seu substituto legal) da existência de acontecimentos juridicamente relevantes, a exemplo da captura de imagens e de conteúdo de sites da internet, vistorias em objetos e lugares, bem como narração de situações fáticas com o objetivo de prevenir direitos e fixar responsabilidades.

Segundo Leonardo Brandelli (2004, s.n), a Ata Notarial é o instrumento público por meio do qual o notário capta uma determinada situação ou fato e o traslada para seus livros de notas ou para outro documento. O instrumento decorre do poder geral de autenticação de que é dotado o notário através de sua fé pública.

Celso Rezende compreende por ata notarial o ato unilateral declaratório do notário, com riqueza de detalhes que possam caracterizar o fato ocorrido por meio de uma simples leitura. Deve, a princípio, haver requerimento para que seja procedido, uma vez que o notário, por via de regra, não age de ofício (Rezende, 2006, p. 160).

Em vista disso, por se tratar de declaração unilateral, não há que se falar nas figuras do outorgante e do outorgado, existindo somente a participação do notário.

Por conseguinte, esse instrumento, fruto de um ato pessoal, não se presta para a formalização de contratos, atos negociáveis ou daqueles que pressuponham outorga ou consentimento, trata-se de uma mera narração solicitada, como um depoimento ouvido.

Feita essa explanação, sabe-se que o instituto da ata notarial já era empregado com base nos artigos 212 e 215 do Código Civil e artigos 332 e 364 do Código de Processo Civil de 1973. Entretanto, após a vigência do CPC, o art. 384 do CPC/2015 trouxe a ata notarial para o direito processual civil brasileiro de forma expressa e inquestionável.

Nesse toar, a ata notarial está prevista como prova típica no art. 384 do CPC, nos seguintes termos: "(a) existência e o modo de existir de algum fato podem ser atestados ou documentados, a requerimento do interessado, mediante ata lavrada por tabelião" e, ainda, conforme consta no parágrafo único do mesmo artigo, "informações caracterizadas através de imagem ou som gravados em arquivos eletrônicos poderão constar da ata notarial".

A ata notarial, aqui em discussão, substanciará prova relativa de direitos previdenciários, entre outros, com o objetivo de prevenção de litígios, de realização de acordos, ou até mesmo do julgamento antecipado da lide ou tutela de evidência.

Tendo em conta esse panorama acima delineado, vê-se que a seção II, do capítulo XII, arts. 381 a 383, o CPC apresentou uma novidade, cuidando do tema "produção antecipada da prova" dentro do capítulo destinado ao tema "provas" e não mais no capítulo destinado a procedimentos cautelares como fazia o código anterior.

Nesse ponto, o CPC aboliu todos os procedimentos cautelares nominados ou específicos, trazendo apenas a previsão genérica das cautelares em seu art. 301. Assim, a produção antecipada da prova, assegurada nos artigos mencionados acima (381 a 383) reúne três procedimentos cautelares específicos preconizados no Código Buzaid, tais como a (i) produção antecipada de provas; (ii) o arrolamento de bens; e, por fim, (iii) a justificação.

Diante dessas alterações normativas, no ano de 2015, a produção antecipada de provas perdeu sua natureza cautelar e passou a ser uma ação probatória autônoma, por meio da qual é possível produzir provas antes do processo principal, como explica Neves (2015, n.p), sem a necessidade de comprovar o *periculum in mora*.

Vale mencionar que o CPC, além de se desapegar do requisito do perigo da demora, enaltece os outros meios de acabar com as lides, ao estabelecer, no seu artigo 381, II, que a produção de prova antecipada é admitida nos casos em que viabilize a autocomposição ou outra forma apropriada para que se chegue à solução do conflito.

Diante dessa nova roupagem dada à produção antecipada de prova pelo CPC, é possível perceber que a ata notarial e a prova antecipada – e suas diferentes manifestações concretas documentais como um depoimento testemunhal escrito ou a gravação de um vídeo com perguntas obrigatórias prévias formuladas por todos os sujeitos processuais integrantes da relação jurídica em juízo, podem levar a parte interessada a um mesmo lugar na produção da prova, mas percorrendo caminhos diferentes, o que se verá no decorrer do trabalho.

Nesse diapasão, a produção antecipada da prova é uma ação judicial e a ata notarial é um instrumento público lavrado em tabelionato de notas que será valorado, posteriormente, pelo magistrado. Para que a prova antecipada seja produzida, é necessário constituir advogado; já para a lavratura da ata notarial, tal exigência não existe.

Outro ponto a ser sopesado consiste no fato de que a prova antecipada está sujeita às regras de competência do juízo do foro (art. 381, III, §2º, do CPC/2015) e a ata notarial pode ser lavrada por qualquer tabelião que a parte interessada escolha, desde que respeitada a regra de atribuição territorial.

Apesar de serem mecanismos de produção de prova distintos, ambos viabilizam o acesso à justiça, permitindo a autocomposição das partes, o que tem a potencializar de (i) fazer com que a ação deixe de ser proposta; (ii) realizar a produção rápida de uma prova que corre o risco de se perder no tempo – a exemplo da aposentadoria rural, da especial e da híbrida –; e, (iii) acordos ou tutelas de urgência ou evidência logo no início processual.

Com o uso dessa ata, o notário não entra ao fundo do assunto, adaptando-se ao direito apenas na forma; narra o fato e o descreve como é, não o manipulando, nem alterando; é cópia do natural, de forma real, sem qualquer alteração pelo notário; a assinatura das partes não é outorga, nem consentimento, mas conformidade com o narrado e lido pelo notário, que é narração do ocorrido nesse instante.

Dessa forma, a Ata Notarial se põe como constituição de um meio de prova incontroverso, lavrada mediante solicitação, pela qual tabelião irá narrar os fatos e os acontecimentos sem qualquer julgamento ou valoração que ficarão ao cargo das partes e, na ausência de conciliação, do juízo.

De antemão, Marcio Evangelista Ferreira da Silva, no artigo "(a) Prova Constituída pelas partes e pelos advogados na fase pré-processual" (2020, p. 2 *et seq.*) veicula as diligências investigatórias, bem como as potencialidades da ata notarial como meio de prova na linha de intelecção do Provimento nº 188/2018.

Recordando que este trabalho não objetiva defender apenas a ata notarial em si como meio probatório, ainda que o Código de Processo Civil permita o desfrute da gratuidade de justiça, e sim também outras alternativas, já utilizadas no direito americano, que proporcionam um papel mais ativo dos advogados, maiores beneficiários de um processo mais célere e da profusão de acordos extrajudiciais, na medida em que colhem seus honorários advocatícios e também obtêm a solução para a lide de uma forma mais segura, com análise prévia de custos e riscos de ingressar em um litígio judicial.

Assim, é curial salientar que as alegações contidas nas exordiais, desprovidas de lastro probatório, não têm funcionalidade para o acesso à justiça do assistido, do cliente ou do jurisdicionado.

Nesse ponto, as atas erigem-se como narrativas de fatos jurídicos e não de negócios jurídicos, pois estão ali ausentes as manifestações de vontade ou a conduta humana. Ausente, portanto, o elemento volitivo e circunscrito à descrição de um estado de coisas, o que denota sua potencialidade para a descrição de depoimentos ouvidos na presença do Tabelião por testemunhas.

Loureiro (2017, s.n.) classifica os tipos de atas notariais, em que pese de forma não unânime na doutrina brasileira em 04 (quatro) subtipos: (i) materiais: correlacionam-se com os acontecimentos jurídicos que; (ii) formais: estabelecidos na lei como manifestação ritual exigida para certos atos; (iii) típicas: as atas que têm a sua previsão logística; e, (iv) atípicas: desde que com objeto lícito, possível e determinável.

Considerando a audiência notarial, imantada pelo princípio da imediação, a ata notarial atua em prol da profilaxia das relações sociais, já viabilizada desde o advento da Lei nº 8.935/1994, à época impropriamente denominadas de escrituras declaratórias.

Assim sendo, passa a ter graus de notoriedade, porquanto milita a presunção legal de existência ou da veracidade a respeito do conteúdo declarado de um fato determinado, que possui ampla publicidade (conhecimento público), e verificado pelo tabelião (ou seu substituto) sobre documentos oficiais ou testemunhais.

Dada sua relevância social, as atas de notoriedade – espécie – são aceitas no ordenamento jurídico brasileiro, configurando-se na constatação que o notário faz acerca da veracidade de um determinado fato em um dado círculo social, como colaciona Leonardo Brandelli:

A presente espécie de Ata Notarial afigura-se-nos como perfeitamente viável dentro do sistema jurídico brasileiro, na medida em que o notário apenas constata que determinado fato é dito como verdadeiro em determinado círculo social, teria-se uma espécie de Ata de presença. O tabelião nada mais faz do que captar por seus sentidos tal realidade e transportá-la para o documento adequado (Brandelli, 2004, p. 60-61).

A exemplo disso, tem-se a averiguação de posse de um estado como a união estável, ou o exercício habitual de uma atividade como a atividade rural, as duas extremamente recidivas nos JEF's como prejudiciais à análise do mérito processual de benefícios previdenciários diversos.

Por conta do princípio da autenticidade, o efeito emanado desse instrumento notarial, prova por si mesmo, dispensa a necessidade de testemunhos ou quaisquer outras provas de convalidação. Isto é, a força autenticatória dotada de forma solene provoca um resultado: o instrumento com eficácia executiva.

Observe-se que, em se tratando de Ata Notarial, a certidão poderá ser emitida a qualquer pessoa, desde que observados dois requisitos essenciais: (i) o cumprimento da proteção de dados, nos termos da Lei de Proteção Geral de Dados – LGPD, assim como do Provimento nº 134/2022 do CNJ; e, (ii) a inexistência de informações que possam afetar a intimidade ou segurança de alguma das pessoas presentes no ato.

Para Duarte (2022, s.n), o princípio da pessoalidade notarial, segundo o qual o ato notarial deve ser praticado pessoalmente pelo notário, sofre mitigação no Brasil. Em todas essas latitudes, ainda de incipiente utilização, as atas notariais objetivam a constatação descritiva sem pré-julgar e sem valoração, fora da fase contenciosa, como ato-mestre de autenticação de fato, inclusive quando se depara com ilícitos.

Nessa linha de intelecção, os autores relatam que "(a) segurança preventiva é axioma em todas as áreas. A segurança jurídica notarial é profilática. Sem ela temos, para tratar do imenso número de situações da vida potencialmente 'incendiárias', somente a querela e a 'cura' judicial" (*idem*, p. 32).

No tocante à ata notarial, consabido que o testemunho produzido em presença do tabelião, inclusive no sistema do e-notariado, feito de forma facultativa, apenas agiliza o atendimento dos anseios do cliente, conforme os valores tabelados pelos entes parciais ou a extensão da gratuidade de justiça aos emolumentos, preconizada no artigo 98, §1º,

IX, §8º viabiliza, o que pode ser dirigido ao juiz num PAP, ou mesmo no âmbito pré-processual.

Ainda, o benefício dessa produção antecipada ocasiona a preservação das memórias de fatos, que, após árduos anos, acabam caindo no esquecimento das testemunhas, prejudicando a instrução, ou mesmo, no caso de empresas, já impactadas por mudanças temporais, espaciais e físicas como perícia de estabelecimentos empresariais nos casos de pedidos de aposentadoria especial. Aqui, a ata de inspeção – notarial – faria às vezes da inspeção judicial, por exemplo.

CONSIDERAÇÕES FINAIS

A atual obra teve como objetivo principal apresentar alternativas, como o uso da *discovery*, como auxílio do tribunal, da ata notarial e da produção de vídeo com formulário de perguntas obrigatórias em convênio entre os órgãos envolvidos nos Juizados Especiais Federais. A ideia é ampliar o acesso à justiça, reduzir as pautas de audiência, acelerar o julgamento e aumentar o número de acordos, sempre considerando uma análise econômica do direito.

A obra tratou da prova pré-constituída pelas partes durante a fase pré-processual ou no início das fases processuais, visando acelerar a instrução e viabilizar o acesso aos benefícios previdenciários e assistenciais, que compõem a maioria dos casos dos Juizados mencionados.

Durante o desenvolvimento, observou-se a alta taxa de congestionamento dos processos nos JEF's, destacando o desafio de reduzir a necessidade de ingresso em juízo para solucionar conflitos causados pelo serviço do INSS, o maior litigante nos JEF's.

Esses problemas não podem persistir ao ponto de exigir a atuação constante do Judiciário na correção de erros administrativos, diante das frequentes negativas de direitos na via administrativa. Portanto, as medidas propostas não restringem o acesso à justiça, que busca uma solução rápida, justa e efetiva, mesmo fora da estrutura do Judiciário.

O aumento da produtividade do Poder Judiciário e do número de juízes por si só não resolverá o problema, devido à alta demanda decorrente do aumento do acesso à justiça e da maior conscientização dos direitos por parte da população brasileira, resultando em um constante aumento de processos. Tais medidas apenas adiariam a tragédia que se vislumbra no futuro, se o uso adequado desse bem comum escasso – a estrutura judicial – não for efetivo.

Com base no modelo cooperativo de processo, mediado pelo princípio do devido processo legal em sua perspectiva procedimental, busca-se levar ao Judiciário um nível razoável de litigância, proporcional ao número de habitantes no Brasil. Isso envolve a pré-constituição da prova nos JEF's como um movimento para desburocratizar e democratizar o processo.

As alternativas sugeridas ao longo do trabalho são um campo fértil para o exercício do contraditório, da cooperação intersubjetiva, da fundamentação das decisões judiciais, da prestação de tutela jurisdicional efetiva, da publicidade, da adequação e da adaptabilidade. A *discovery* e o protocolo inglês, bem como seus institutos correlatos, também foram abordados como experiências no direito norte-americano e inglês, como inspiração para o aperfeiçoamento do ordenamento jurídico nacional, utilizando as ferramentas já disponíveis em legislações para soluções inovadoras e disruptivas, como a mediação pelos oficiais de justiça e pelos conciliadores cadastrados nas CECON's, sob supervisão judicial.

A pré-constituição possibilita o aprimoramento do processo judicial, melhorando sua utilidade e a matéria probatória para a discussão de mérito, decisões liminares e realização de acordos de forma mais eficiente, agilizando a solução das demandas previdenciárias e assistenciais nos JEF's.

Além disso, a ata notarial, potencializada pelo direito à gratuidade de justiça, é mencionada como um instrumento de grande valor para descongestionar o tráfego judiciário. A proliferação da ata notarial, dos métodos de *discovery* e do protocolo por conciliadores, servidores ou advogados das partes revigora a negociação processual, colocando as partes como reguladoras do procedimento, em linha com o artigo 190 do Código de Processo Civil e subsequentes, e não mais como expectadores passivos de uma solução adjudicatória.

Esses instrumentos têm um impacto significativo no contexto institucional do Judiciário brasileiro, independentemente dos sistemas inquisitório, adversarial, *common law ou civil law*, uma vez que não se busca transplantar figuras estrangeiras sem avaliar sua compatibilidade com o ordenamento jurídico nacional, mas sim aplicar os instrumentos disponíveis, destacando que não há um sistema puro com características exclusivas de um ou de outro.

Todos esses instrumentos documentados devem ser difundidos e testados na realidade da Subseção, com profissionalismo, eficiência e sob a égide dos princípios éticos e cooperativos, elevando os demais sujeitos processuais e proporcionando outras alternativas de prova pré-constituída aos usuários.

Além disso, observou-se que a produção antecipada de provas deixou de ser meramente cautelar para se tornar uma ação probatória autônoma, permitindo a sua apresentação antes do processo principal, sem a necessidade de comprovar o *periculum in mora*, sendo essa inovação um dos pontos principais do tema em análise.

Destaca-se assim, que não se trata de restringir os poderes do juiz na fase instrutória, limitando-os apenas à admissão, fiscalização e valoração das provas, vedando sua proposição ou participação direta na produção. Pelo contrário, o objetivo é distribuir os poderes de gestão de forma consensual entre os sujeitos processuais intervenientes, buscando um sistema que cumpra suas finalidades de Direito e Justiça, levando em consideração a análise de custos e benefícios econômicos do processo nos JEF's e os benefícios econômicos do descongestionamento da estrutura judiciária.

Destarte, as alternativas propostas têm como objetivo contribuir para um Judiciário mais rápido e republicano, não com medidas paliativas para mitigar sintomas de um sistema em crise, mas sim para solucionar as questões relacionadas à aplicação do direito previdenciário e assistencial nos JEF's, considerando a falência da audiência preliminar.

Nesse contexto, "A Análise Econômica do Direito enfatiza que os ganhos obtidos por meio da cooperação tendem a ser maiores do que em cenários sem essa colaboração" (Machado; Dias, 2021).

Espera-se que essas propostas possam atenuar a ênfase excessiva na forma processual e a falta de utilidade dos institutos, evitando que as finalidades do processo se transformem em distorções e perversões do sistema.

Em suma, as alternativas apresentadas neste estudo estão alinhadas com o Pacto de Estado em favor de um Judiciário mais célere, ou seja, elas não são meras medidas paliativas para aliviar os sintomas de um sistema em crise, mas sim soluções que visam resolver os desafios da aplicação do direito previdenciário e assistencial nos JEF's, considerando a falência da audiência preliminar. Essas propostas representam uma oportunidade racional para promover a justiça de forma equitativa, com custos razoáveis, eficiência e compreensibilidade.

Portanto, é essencial avançar na implementação dessas alternativas, considerando fatores como a definição das expectativas de ganho frente aos custos imediatos do processo. Com profissionalismo, ética e cooperação, esses instrumentos devem ser difundidos e testados na prática, elevando o prestígio da advocacia e de todos os agentes envolvidos, oferecendo aos usuários do sistema outras opções de prova pré-constituída.

Ao buscar uma distribuição adequada de procedimentos, com previsões realistas de duração, é possível alcançar a pacificação social, com equidade e custos razoáveis. Essas propostas não pretendem limitar os poderes do juiz na fase instrutória, mas sim promover uma gestão compartilhada, com consensualidade entre os sujeitos processuais intervenientes.

Diante disso, a conjugação dessas alternativas com uma análise cuidadosa dos aspectos econômicos do processo nos JEF's e dos benefícios decorrentes do descongestionamento da estrutura judiciária pode contribuir para a construção de um sistema de justiça mais eficiente, célere e comprometido com os princípios do Direito e da Justiça.

A implementação dessas medidas representa um passo importante na busca por uma solução duradoura para os desafios enfrentados pelos Juizados Especiais Federais, garantindo o acesso à justiça de forma ampla, efetiva e em conformidade com os direitos das partes envolvidas.

REFERÊNCIAS

ALEXANDRE, Isabel. *Provas ilícitas em processo civil*. Coimbra: Almedina, 1998.

ALVARO DE OLIVEIRA, Carlo Alberto. Poderes do Juiz e visão cooperativa do processo. *Mundo Jurídico*, set. 2005. Disponível em: https://www.mundojuridico.adv.br/. Acesso em: 31 out. 2022.

ALVES, Isabella Fonseca; SOUZA MOREIRA, Daniela de. A teoria normativa da comparticipação (cooperação relida) e sua função contra-fática no novo Código de Processo Civil sob a ótica do processo constitucional. *Revista Jus Navigandi*, 2015. Disponível em: https://jus.com.br/artigos/37505/a-teoria-normativa-da-comparticipacao-cooperacao-relida-e-sua-funcao-contra-fatica-no-novo-codigo-de-processo-civil-sob-a-otica-do-processo-constitucional. Acesso em: 24 out. 2022.

AMORIM, Maria Stella de. Juizados Especiais na Região Metropolitana do Rio de Janeiro. *Revista da Seção Judiciária do Rio de Janeiro*, v. 1, n. 17, p. 107-131, 2006. Disponível em: https://app.uff.br/riuff/handle/1/11306. Acesso em: 28 nov. 2022.

ANDREWS, Neil. *English Civil Procedure, Fundamentals of the New Civil Justice System*. United States: Oxford University Press, 2003.

ÁVILA, Humberto. *Teoria dos princípios*: da definição à aplicação dos princípios jurídicos. 18. ed. rev. e atual. Malheiros. São Paulo, 2018.

BACELLAR, Roberto Portugal. *Juizados Especiais*. A Nova Mediação Paraprocessual, 2004.

BANCO MUNDIAL. *Fazendo com que a Justiça Conte*: medindo e aprimorando o desempenho do Judiciário no Brasil. Unidade de Redução da Pobreza e Gestão Econômica. América Latina e Caribe. BR, 2017. Disponível em: https://www.amb.com.br/docs/. Acesso em: 02 nov. 2022.

BARBOSA, Rui. *Oração aos Moços*. Edição popular anotada por Adriano da Gama Kury. 5 ed. Rio da Janeiro: Fundação Casa de Rui Barbosa, 1921.

BASSETTO, Marcelo Eduardo Rossitto. *Perícias no Juizado Especial Federal da Seção Judiciária do Acre*: projeto perícia na ordem do dia. I Jornada de Planejamento e Gestão/Tribunal Regional Federal da 1ª Região, Escola de Magistratura Federal da Primeira Região. Brasília: ESMAF, 2010.

BARROSO, Luís Roberto. *Neoconstitucionalismo e constitucionalização do Direito*: o triunfo tardio do Direito Constitucional no Brasil. Jus Navigandi, out. 2005. Disponível em: https://jus.com.br/artigos/7547/neoconstitucionalismo-e-constitucionalizacao-do-direito. Acesso em: 28 nov. 2022.

BEDÊ JÚNIOR, Américo; SENNA, Augusto. *Princípios do processo penal*: entre o garantismo e a efetivação da sanção. São Paulo: Ed. RT, 2009.

BOCHENEK, Antônio César. Limitar o acesso à Justiça para ampliar os direitos. *Revista Consultor Jurídico*, 27 jan. 2013. Disponível em: https://www.conjur.com.br/2013-jan-27. Acesso em: 02 nov. 2022.

BOCHENEK, Antônio César; NASCIMENTO, Márcio Augusto. *Juizados Especiais Federais Cíveis*. Porto Alegre: direitos dos autores, 2011. E-book.

BRAGA, Sidney da Silva. *Iniciativa probatória do Juiz no processo civil*. São Paulo: Saraiva, 2000.

BRANDELLI, Leonardo. *Ata notarial*. Porto Alegre: Safe, 2004.

BRASIL. Código de Processo Civil (1973). *Lei nº 5.869, de 11 de janeiro de 1973*. Institui o Código de Processo Civil. Diário Oficial da União, Brasília, 17 jan. 1973.

BRASIL. Código de Processo Civil (2015). *Lei nº 13.105, de 16 de março de 2015*. Código de Processo Civil. Diário Oficial da União, Brasília, 17 mar. 2015.

BRASIL. Conselho da Justiça Federal. *Acesso à Justiça Federal*: dez anos de juizados especiais. Conselho da Justiça Federal, Centro de Estudos Judiciários, Instituto de Planejamento Econômico e Social. Brasília: CJF, 2012.

BRASIL. Conselho de Justiça Federal. *Justiça Federal prioriza desafios a serem enfrentados no período 2015-2019*. Portal do CJF, 03 fev. 2014. Disponível em: https://www.cjf.jus.br/noticias/2014/fevereiro/justica-federal-prioriza-desafios-a-serem-enfrentados-no-periodo-2015-2019. Acesso em: 02 nov. 2022.

BRASIL. Conselho Federal da OAB. *Provimento nº 188/2018*. Disponível em: https://www.oab.org.br/util/print?numero=188%2F2018&print=Legislacao&origem=Provimentos. Acesso em: 14 jul. 2022.

BRASIL. Conselho Nacional de Justiça. *Excesso de litigância é desafio para o Poder Judiciário, diz ministro Joaquim Barbosa*, 2013. Disponível em: https://www.cnj.jus.br/excesso-de-litigancia-e-desafio-para-o-poder-judiciario-diz-ministro-joaquim-barbosa/. Acesso em: 28 nov. 2022.

BRASIL. Conselho Nacional de Justiça. *Justiça em Números* – Justiça Federal. Brasília: CNJ, 2017. Disponível em: https://www.cnj.jus.br/images/pesquisas-judiciarias/Publicacoes/relatorio. Acesso em: 02 nov. 2022.

BRASIL. Conselho Nacional de Justiça – CNJ. *Justiça em números*. Disponível em: www.cnj.jus.br/wpeudo/arquivo/2019/08/justica_em_numeros20190919.pdf. Acesso em: 25 set. 2022.

BRASIL. Conselho Nacional de Justiça – CNJ. *Justiça em números*. Disponível em: https://www.cnj.jus.br/gestao-estrategica-e-planejamento/estrategia-nacional-do-poder-judiciario-2009-2014/indicadores/03-taxa-de-congestionamento/. Acesso em: 25 mar. 2023.

BRASIL. Constituição (1988). *Constituição da República Federativa do Brasil*. Brasília: Senado Federal, 1988.

BRASIL. INSS. *Novos prazos para análise de benefícios pelos INSS.* 2022. Disponível em: https://www.oguiaprevidenciario.com.br/tema-1066-stf-novos-prazos-para-analise-de-beneficios-pelo-inss/. Acesso em: jan. 2022.

BRASIL. IPEA. *Acesso à Justiça Federal:* dez anos de juizados especiais / Instituto de Pesquisa Econômica Aplicada (Ipea). Brasília: Conselho da Justiça Federal, Centro de Estudos Judiciários, 2012: il. (Série pesquisas do CEJ; 14).

BRASIL. *Lei nº 10.259, de 12 de julho de 2001.* Dispõe sobre a instituição dos Juizados Especiais Cíveis e Criminais no âmbito da Justiça Federal. In: VadeMecum Saraiva. São Paulo: Saraiva, 2014.

BRASIL. *Lei nº 12.153, de 22 de dezembro de 2009.* Dispõe sobre os Juizados Especiais da Fazenda Pública no âmbito dos Estados, do Distrito federal, dos Territórios e dos Municípios. In: VadeMecum Saraiva. São Paulo: 2014.

BRASIL. *Lei nº 7.244/85, de 7 de novembro de 1984.* Dispõe sobre os Juizados Especiais de pequenas Causas. *In:* Disponível em: http://www.planalto.gov.br/ccivil_03/leis/1980-1988/L7244.htm. Acesso em: 28 nov. 2022.

BRASIL. *Lei nº 11.033, de 21 de dezembro de 2004.* Altera a tributação do mercado financeiro e de capitais; institui o Regime Tributário para Incentivo à Modernização e à Ampliação da Estrutura Portuária – REPORTO; altera as Leis nºs 10.865, de 30 de abril de 2004, 8.850, de 28 de janeiro de 1994, 8.383, de 30 de dezembro de 1991, 10.522, de 19 de julho de 2002, 9.430, de 27 de dezembro de 1996, e 10.925, de 23 de julho de 2004; e dá outras providências. Disponível em: http://www.planalto.gov.br/ccivil_03/_ato2004-2006/2004/lei/l11033.htm. Acesso em: 28 nov. 2022.

BRASIL. *Lei nº 9.099, de 26 de setembro de 1995.* Dispõe sobre os Juizados Especiais Cíveis e Criminais e dá outras providências. Vade Mecum Compacto. 3. ed. atual. e ampl. São Paulo: Saraiva, 2010.

BRASIL. *Lei nº 9.784, de 29 de janeiro de 1999.* Regula o processo administrativo no âmbito da Administração Pública Federal. Casa Civil, Brasília, 1999. Disponível em: https://www.planalto.gov.br/ccivil_03/leis/l9784.htm. Acesso em: 1º out. 2024.

BRASIL. *Lei nº 7.244, de 12 de julho de 2001.* Dispõe sobre a Criação e o Funcionamento do Juizados Especial de Pequenas Causas. Disponível em: http://www.planalto.gov.br/ccivil_03/LEIS/1980-1988/L7244.htm. Acesso em: 12 abr. 2023.

BRASIL. Senado Federal. *Código de Processo Civil e Normas Correlatas.* Brasília. 2015. Disponível em: https://www2.senado.leg.br/bdsf/bitstream/handle/id/512422/001041135.pdf. Acesso em: 15 nov 2022.

BRASIL. Superior Tribunal de Justiça. *AgRg nos EREsp nº 319.997-SC.* Agravante: Fazenda Nacional. Agravado: Reni Antônio Schweitzer e outros. Relator: Ministro Peçanha Martins, 1. S., julgado em 14.08.2002, DJU de 07.04.2003.

BRASIL. Supremo Tribunal Federal. *Agravo Regimental em Mandado de Segurança nº 21.885-2 – PE* Tribunal Pleno Relator: O Sr. Ministro Moreira Alves "A Lei nº 1.533, Lei do Mandado de Segurança (DJ, 16.12.1994). Disponível em: https://redir.stf.jus.br/paginadorpub/paginador.jsp?docTP=TP&docID=4936949. Acesso em: 22 nov. 2022.

BRASIL. Supremo Tribunal Federal. Agravo Regimental. *AgRg nº HC 752444 /SC AGRAVO REGIMENTAL NO HABEAS CORPUS 2022/0197646-2*. Rel. Ministro Nefi Cordeiro, Sexta Turma. Disponível em: https://www.mpf.mp.br/pgr/documentos/copy_of_47993RHC22 1782TraficoProgressaoHediondo.pdf. Acesso em: 21 nov. 2022.

BRASIL. Supremo Tribunal Federal. Plenário. *ADPF nº 347 MC/DF*. Rel. Min. Marco Aurélio, julgado em 09.09.2015 (Info 798). Disponível em: https://robertomacedosilva.jusbrasil.com.br/artigos/340681146/entenda-a-decisao-do-stf-sobre-o-sistema-carcerario-brasileiro-e-o-estado-de-coisas-inconstitucional. Acesso em: 21 nov. 2022.

BRASIL. Tribunal Regional Federal. 4ª Região. *Recurso Extraordinário nº 1.171.152/SC, interposto em face de acórdão proferido pelo Tribunal Regional Federal da 4ª Região*. Disponível em: https://previdenciarista.com/TRF4/mandado-de-seguranca-requerimento-administrativo-demora-na-decisao-razoavel-duracao-do-processo-administrativo-2022-05-19-5000252-22-2022-4-04-7202-40003201347. Acesso em: 21 nov. 2022.

BRASIL. Tribunal Regional Federal da 4ª Região. *Resolução nº 13, de 11 mar. 2004.* Implanta e estabelece normas para o funcionamento do Processo Eletrônico nos Juizados Especiais Federais no âmbito da Justiça Federal da 4ª Região. Disponível em: http://www.trf4.jus.br/trf4/. Acesso em: 14 abr. 2023.

BRITO, Ana Maria Duarte Amarante. *Lições de processo civil*: processo de conhecimento. Brasília: Fortium, 2005.

CALAMANDREI, Piero. Processo e democrazia. *In*: CALAMANDREI, Piero. *Opere giuridiche*. Napoli: Morano, 1995.

CALDAS, Adriano; FERREIRA, William Santos; JOBIM, Marco Félix (coord.). *A produção antecipada de prova e o novo CPC*. Direito probatório. Salvador: JusPodivm, 2015.

CAMBI, Eduardo. Discovery no processo civil norte-americano e efetividade da justiça brasileira. *Revista de Processo 2017*, RePro v. 245, jul. 2015. Disponível em: http://www.mpsp.mp.br/portal/page/portal/documentacao_e_divulgacao/doc_biblioteca/bibli_servicos_produtos/bibli_boletim/bibli_bol_2006/RPro_n.245.16.PDF. Acesso em: 13 jul. 2022.

CANOTILHO, José Gomes. *Constituição dirigente e vinculação do legislador*: contributo para a compreensão das normas constitucionais programáticas. Coimbra: Coimbra Editora, 1994.

CHIARLONI, Sergio. Giusto Processo (Diritto Processuale Civile). *Revista dos Tribunais*, São Paulo, Thomson Reuters, a. 38, v. 219, maio 2013.

CAPPELLETTI, Mauro; GARTH, Bryant. *Acesso à Justiça*. Porto Alegre: Sergio Antônio Fabris, 1988.

CARNEIRO, João Geraldo Piquet. Análise da Estruturação e do funcionamento dos Juizados de pequenas causas da cidade de Nova Iorque. *In*: WATANABE, Kazuo. *Juizados Especiais de Pequenas Causas*: Lei 7.244, de 07 de novembro de 1985.

CINTRA, Antônio Carlos, DINAMARCO, Cândido Rangel, GRINOVER, Ada Pellegrini. *Teoria Geral do Processo*. 20. ed. São Paulo: Malheiros, 2004.

CIPRIANI, Franco. Il processo civile tra efficienza e garanzie. *Rivista di Diritto e Procedura Civile*, Bolonha: Giuffrè, 2002. p. 1.215.

CIPRIANI, Franco; YARSHELL, Flávio Luiz; MORAES, Maurício Zanoide de Moraes (coords.). *L'avvocato e la verità*. Estudos em homenagem à professora Ada Pellegrini Grinover. São Paulo: DPJ, 2002. p. 821-826.

COUTERE, Eduardo J. *Fundamentos del Derecho Procesal Civil*. Buenos Aires: Ediciones Depalma, 1985.

CRIFÒ, Carla. Why teach civil procedural law? *Revista de Processo*, São Paulo, n. 178, p. 239-250, dez. 2009.

DAMASKA, Mirjan R. *The faces of justice and state authority*: A comparative approach to the legal process. United States: Yale Univesity, 1986.

DALLARI, Dalmo de Abreu. *Elementos da Teoria Geral do Estado*. 24. ed. São Paulo: Saraiva, 2003.

DIDIER JR., Fredie. *Curso de Direito Processual Civil*: teoria geral do processo e processo de conhecimento. 8. ed. Salvador: Jus Podivm, 2007. v. I.

DIDIER JR., Fredie; BRAGA, Paula Sarno; OLIVEIRA, Rafael Alexandria de. *Curso de direito processual civil*. 12. ed. rev., ampl. e atual. Salvador: Jus Podivm, 2017. v. 2.

DINAMARCO, Cândido Rangel. *Instituições de direito processual civil*. 5. ed. São Paulo: Malheiros, 2005. v. 1.

DUARTE, Andrey Guimarães. Avatar do tabelião: atuação do notário no ambiente virtual. *Anoreg*, 2022. Disponível em: https://www.anoreg.org.br/site/artigo-avatar-do-tabeliao-atuacao-do-notario-no-ambiente-virtual-por-andrey-guimaraes-duarte-2/. Acesso em: 04 out. 2022.

DWYER, Deirdre. *The civil procedure rules ten years on*. United States. OXFORD University Press, 2009.

FARIAS, Cristiano Chaves de. A prova ilícita no processo civil das famílias a partir do garantismo constitucional. *In*: JUSTO, A. Santos. *Direito civil constitucional e outros estudos em homenagem ao Prof. Zeno Veloso*. Rio de Janeiro: Forense, 2014.

FERRAZ, Leslie Shérida. *Acesso à Justiça*: uma análise dos Juizados Especiais Cíveis no Brasil, 2010.

FERREIRA, Paulo Roberto Gaiger; RODRIGUES, Felipe Leonardo. *Ata Notarial*: Doutrina, prática e meio de prova. 4. ed. Indaiatuba: Editora Focos, 2021.

FERREIRA, Willian Santos. Prova pericial nos Juizados Especiais Federais: acesso à justiça e modelos de operacionalização do direito constitucional à prova. *In*: SERAU JR., Marco Aurélio; DENIS, Donoso (coord.). *Juizados Especiais Federais*: reflexões nos dez anos de sua instalação. Curitiba: Juruá Editora, 2012.

FGV. Fundação Getúlio Vargas. *Diagnóstico sobre as causas de aumento das demandas judiciais cíveis, mapeamento das demandas repetitivas e propositura de soluções pré-processuais, processuais e gerenciais à morosidade da justiça*: relatório de pesquisa. São Paulo: Escola de Direito da Fundação Getúlio Vargas de São Paulo, 2018. Disponível em: https://www.cnj.jus.br/images/pesquisas-judiciarias/Publicacoes/relat_pesquisa. Acesso em: 02 nov. 2022.

FREITAS, Gustavo Martins de. O princípio da colaboração no processo civil brasileiro. *Jus Navigandi*, jan. 2006. Disponível em: https://jus.com.br/artigos/7850/o-principio-da-colaboracao-no-processo-civil-brasileiro. Acesso em: 20 nov. 2022.

FUX, Luiz. *Curso de direito processual civil*. Rio de Janeiro: Forense, 2004.

GIL, Antônio Carlos. *Como elaborar projetos de pesquisa*. 10. ed. São Paulo: Atlas, 2008.

GILLES, Peter. Der Prozeß als Mittel zur rechtlichen Konfliktlösung: Staatliche Justiz – gerichtliches Verfahren – richterliche Entscheidung. *In*: GRIMM, Dieter (org.). *Einführung in das Recht*. Heidelberg: C. F. Müller Juristischer Verlag, 1985.

GOMES, Lucas Medeiros. Alterações no Projeto de lei nº 6.204/2019. In: TROSTER, Roberto Luis; ROSSI, Carolina Nabarro Munhoz; LAGASTRA, Valeria Ferioli. *O Direito como instrumento de política econômica*: propostas para um Brasil melhor. São Paulo: Editora Cedes, 2021.

GOMES, Orlando. *Direitos Reais*. 21. ed. ver. atual. por Luiz Edson Fachin. Rio de Janeiro: Forense, 2012.

GONZÁLES PÉREZ, Jesús; CASSAGNE, Juan Carlos. *La justicia administrativa em Iberoamérica*. Buenos Aires: Léxis, 2005.

GOUVEA, Lúcio Grassi de. Cognição Processual Civil: atividade dialética e cooperação intersubjetiva na busca da verdade real. *In*: DIDIER JR., Fredie (org.). *Leituras Complementares de Processo Civil*. 4. ed. Salvador: JusPODIVM, 2006.

GRASSO, Eduardo. La collaborazione nel processo civile. *Rivista di diritto Processuale*, Padova, v. 21, p. 580-609, 1966.

GRECO FILHO, Vicente. *Direito Processual Civil brasileiro*. 16. ed. São Paulo: Saraiva, 2003. v. 2.

GRECO, Leonardo. A busca da verdade e a paridade de armas na jurisdição administrativa. *Revista CEJ*, n. 35, 2006.

GRINOVER, Ada Pellegrini. *Provas ilícitas, interceptações e escutas*. 1. ed. Brasília: Gazeta Jurídica Editora, 2013.

IGREJA, Rebecca Lemos; RAMPIN, Talita Tatiana. Acesso à Justiça na América Latina: reflexões a partir dos juizados especiais federais do Brasil. *Revista de Estudos e Pesquisas sobre as Américas*, v. 6, n. 1, p. 19-35, 2012. Disponível em: https:// periodicos.unb.br/index.php/repam/article/view/19537. Acesso em: 28 nov. 2022.

IPEINS, JOSÉ Antonio Escartin. *El acta notarial de presencia en el processo*. Revista del Notariado. Tradução de José Maria. São Paulo: Ed: nº 399, 1992.

JOSEFOVICZ, Vivian Carla. Os procedimentos pré-processuais nos Estados Unidos e sua contribuição para a celeridade processual. 2022. *Revista Justiça & Cidadania*, edição 258, fev. 2022. Disponível em: https://www.editorajc.com.br/os-procedimentos-pre-processuais-nos-estados-unidos-e-sua-contribuicao-para-a-celeridade-processual/. Acesso em: 13 jul. 2022.

KOCHEM, Ronaldo. Introdução às raízes históricas do princípio da cooperação (kooperationsmaxime). *Revista de Processo*, v. 251, jan. 2016.

KOCHEM, Ronaldo. Racionalidade e decisão: a fundamentação das decisões judiciais e a interpretação jurídica. *Revista de Processo*, São Paulo, v. 40, n. 244, p. 59-83, jun. 2015.

LEMBO, Cláudio. *A pessoa*. Seus direitos. São Paulo: Manole, 2007.

LOPES, João Batista. *A prova no direito processual civil*. 3. ed. São Paulo: RT, 2006.

LOPES, João Batista. Provas atípicas no novo CPC. In: RAMOS, Glauco Gumerato et al. (coord.). *O futuro do processo civil no Brasil*: uma análise crítica ao projeto do novo CPC. Belo Horizonte: Fórum, 2011.

LOPES, Silmar. *Artigo* – Ata Notarial como meio de prova. 2022. Disponível em: https://www.anoreg.org.br/site/artigo-ata-notarial-como-meio-de-prova-por-silmar-lopes/. Acesso em: 04 out. 2022.

LOUREIRO, Luiz Guilherme. *Manual de Direito Notarial*. São Paulo: Juspodivm, 2017.

MADUREIRA, Claudio. *Fundamentos do novo Processo Civil brasileiro*: o processo civil do formalismo valorativo. Belo Horizonte: Fórum, 2017.

MARINONI, Luiz Guilherme. *Curso de direito constitucional*. 2. ed. São Paulo: Revista dos Tribunais, 2013.

MARINONI, Luiz Guilherme; ARENHART, Sérgio Cruz; MITIDIERO, Daniel. *Novo curso de processo civil*: tutela dos direitos mediante procedimento comum. 2. ed. rev. atual. e ampl. São Paulo: Revista dos Tribunais, 2016. v. 2.

MEDINA, José Miguel Garcia. *Novo código de processo civil comentado*. 5. ed. rev. atual. e ampl. São Paulo: Revista dos Tribunais, 2017.

MELLO, Osvaldo Ferreira de. *Fundamentos da Política Jurídica*. Porto Alegre: Sergio Antonio Fabris. 1994.

MENEZES, Gustavo Quintanilha Telles de. *A fase pré-processual o ônus de preparação da demanda e os filtros legítimos à propositura de ações judiciais*. 2011. 1691. Obra (Mestrado em Direito) – Faculdade de Direito, Universidade do Estado do Rio de Janeiro, Rio de Janeiro, 2011. Disponível em: https://www.bdtd.uerj.br:8543/bitstream/1/9544/1/Gustavo%20Menezen.pdf. Acesso em: 24 out. 2022.

MIRANDA, Vicente. *Poderes do juiz no processo civil brasileiro*. São Paulo: Editora Saraiva, 1993.

MITIDIERO, Daniel. *Bases para construção de um processo civil cooperativo*: o direito processual civil no marco teórico do formalismo-valorativo. 2007. 147 f. Tese (Doutorado em Direito) – Faculdade de Direito, Universidade Federal do Rio Grande do Sul, Porto Alegre, 2007. p. 53-55.

MITIDIERO, Daniel. Processo Justo, colaboração e ônus da prova. *Revista do Superior Tribunal do Trabalho*, São Paulo, Lexmagister, ano 78, n. 1, jan./mar. 2012.

MORAES, Daniela Marques de. *A importância do olhar do outro para a democratização do acesso à justiça*. Rio de Janeiro: Editora Lumen Juris, 2012.

MORAES, Vânila Cardoso de. *Demandas repetitivas decorrentes de ações ou omissões da administração pública*: hipóteses de soluções e a necessidade de um direito processual público fundamentado na Constituição. Brasília: CJF, 2012 (Série monografias do CEJ; 14).

MOREIRA, José Carlos Barbosa. *Temas de Direito Processual*: A linguagem forense. Sétima Série. São Paulo: Saraiva, 2001.

MOREIRA, José Carlos Barbosa. Temas de Direito Processual: O processo civil contemporâneo. Nona Série. São Paulo: Saraiva, 2007.

NERI, Eveline Lucena; GARCIA, Loreley Gomes. Atrizes da roça ou trabalhadoras rurais? O teatro e a fachada para obtenção da aposentadoria especial rural. *Sociedade e Estado*, v. 32, n. 3, p. 701-724, 2017. Disponível em: https://www.scielo.br/scielo. php?pid=S0102-00300701&script=sci_abstract&tlng=pt. Acesso em: 28 nov. 2022.

NEVES, Daniel Amorim Assumpção. *Novo código de processo civil*: Lei 13.105/2015. Rio de Janeiro: Forense; São Paulo: Método, 2015. p. 297.

NUNES, Dierle José Coelho. Inteligência artificial e direito processual: vieses algorítmicos e os riscos de atribuição de função decisória às máquinas. 2019. *In*: SICA, Heitor; CABRAL, Antonio; SEDLACEK, Federico; ZANETI JR, Hermes (orgs.). *Temas de Direito Processual Contemporâneo*: III Congresso BrasilArgentina de Direito Processual. Serra: Editora Milfontes, 2019. v. I.

NUNES, ODierle José Coelho. *Processo Jurisdicional Democrático*: Uma Análise Crítica das Reformas Processuais. Curitiba: Juruá, 2010.

OCTAVIANI, Alessandro. O Direito Econômico antropófago (para homenagear Oswald de Andrade). *Consultor Jurídico*, maio de 2022. Disponível em: https://www.conjur.com. br/2022-mai-31/defesa-concorrencia-direito-economico-antropofago-homenageando-oswald-andrade. Acesso em: 14 jul. 2022.

OLIVEIRA, Marcos Martins de. As sete ondas renovatórias de acesso à Justiça e a Defensoria Pública. *Consultor Jurídico*, 23 jan. 2023. Disponível em https://www.conjur.com.br/2023-jan-08/marcos-oliveira-sete-ondas-renovatorias-acesso-justica. Acesso em: 25 maio 2023.

OLIVEIRA, Carlos Alberto Alvaro de. *Do formalismo no processo civil, Proposta de um formalismo-valorativo*. 3. ed., rev., atual. e aum. São Paulo: Editora Saraiva, 2009.

OLIVEIRA, Carlos Alberto Avaro de. Efetividade e processo de conhecimento. *Mundo Jurídico*, abr. 2003. Disponível em: http://www.mundojuridico.adv.br/cgi-bin/upload/texto258.rtf. Acesso em: 20 nov. 2022.

OLIVEIRA, Carlos Alberto Álvaro de. *Do formalismo no processo civil*. 3. ed. São Paulo: 2009.

PARCHEM, Laura Fernandes. *O impacto do princípio da cooperação no juiz*. Academia Brasileira de Direito Processual Civil. Disponível em: http://www.abdpc.org.br/abdpc/artigos/LAURA%20PARCHEM%20%20VERS%C3. Acesso em: 25 nov. 2022.

PIMENTEL, Wilson. O CPC de 2015, mediação e arbitragem: um sistema geral de solução de conflitos. *In*: MELO, Leonardo de Campos; BENEDUZI, Renato (org.). *Reforma da Arbitragem*. Rio de Janeiro: Forense, 2016.

PINHEIRO, Aline. O juiz é superior a qualquer ser material, diz juíza. *Consultor Jurídico*, 17 nov. 2007. Disponível em: https://www.conjur.com.br/2007-nov-17/juiz_superior_qualquer_material_juiza. Acesso em: 25 nov. 2022.

PINHO, Humberto Dalla Bernardina de; PAUMGARTTEN, Michele Pedrosa. A experiência ÍtaloBrasileira no uso em resposta à crise do monopólio estatal de solução de conflitos e a garantia do Acesso à Justiça. *Revista Eletrônica de Direito Processual – REDP*, Rio de Janeiro, a. 5, v. VIII, p. 444, 2014. Disponível em: https://redp.com.br/arquivos/redp_8a_edicao.pdf. Acesso em: 02 nov. 2022.

PITTA, Rafael Gomiero. *Pre-suit e pretrial*: as lições do sistema anglo-americano para as necessárias reformas do procedimento probatório brasileiro, do Programa de Doutorado da UENP. 2019. Tese (Doutorado em Ciência Jurídica) – Universidade Estadual do Norte do Paraná, Paraná, Jacarezinho, 2019.

RAMOS, Vitor de Paula. O procedimento de produção "antecipada" de provas sem requisito de urgência no novo CPC: a teoria dos jogos e a impossibilidade de acordos sem calculabilidade de riscos. *Revista de Processo*, São Paulo, v. 263, p. 313-332, out. 2016.

REALE, Miguel. *Teoria do Direito e do Estado*. 5. ed. São Paulo: Saraiva, 2000.

REIS, José Alberto dos. Código de Processo Civil Anotado. 3. ed. Coimbra: Coimbra Editora, 2012. v. III.

REUTERS, Thomson. A prova constituída pelas partes e e pelos advogados na fase pré-processual. *Revista de Direito do Trabalho*, v. 209, 2020. Disponível em: https://portal.trf1.jus.br/dspace/bitstream/123/241762/1/A%20PROVA%20CONSTITU%C3%8DDA%20PELAS%20PARTES%20E%20PELOS%20ADVOGADOS%20NA%20FASE%20PR%C3%89-PROCESSUAL.pdf. Acesso em: 13 jul. 2022.

REZENDE, Afonso Celso Furtado de. *O tabelionato de Notas e o Notário Perfeito*. 4. ed. Campinas: Millennium Editora, 2006.

RODRIGUES, Felipe Leonardo. *Ata notarial e sua eficácia na produção de provas com fé pública do tabelião no ambiente físico e eletrônico*, 2017. Disponível em: https://egov.ufsc.br/portal/sites/default/files/anexos/17479-17480-1-PB.pdf. Acesso em: 22 nov. 2022.

SALCEDO, José Enrique Gomá. *Derecho notarial*. Tradução de Leonardo Brandelli, edição de 2004. Madrid: Dikinson, 1992.

SALOMON, Délcio Vieira. *Como fazer uma monografia*. 12. ed. São Paulo: WMF Martins Fontes, 2010.

SÁ-SILVA, Jackson Ronie; ALMEIDA, Cristóvão Domingos de; GUINDANI, Joel Felipe. Pesquisa documental: pistas teóricas e metodológicas. *Revista Brasileira de História & Ciências Sociais*, n. 1, p. 1-15, jul. 2009. Disponível em: https://www.rbhcs.com/rbhcs/article/view/6. Acesso em: 14 jul. 2022.

SAVARIS, José Antonio. *Direito Processual Previdenciário*. Curitiba: Juruá, 2008.

SAVARIS, José Antonio; XAVIER, Flávia da Silva. *Manual dos Recursos nos Juizados Especiais Federais*. 3. ed. Curitiba: Juruá, 2012.

SOUSA, Miguel Teixeira de. *Estudos sobre o Novo Processo Civil*. 2. ed. Lisboa: Lex, 1997.

SAVARIS, José Antônio. *Direito Processual Previdenciário*. 5. ed. Curitiba: Ed. Alteridade, 2014.

SERAU JR., Marco Aurélio; DONOSO, Denis. Os Juizados Especiais Federais e a retórica do acesso à justiça. *In*: SERAU JR., Marco Aurélio; DONOSO, Denis (coords.). *Juizados Especiais Federais*: Reflexões nos Dez Anos de sua Instalação. Curitiba: Ed. Juruá, 2012.

SILVA, Antônio Fernando Schenkel do Amaral. *Juizados Especiais Federais Cíveis*: competência e conciliação, 2007.

SOUZA, Carlos Aurélio Mota de. *Poderes éticos do juiz*: a igualdade das partes e a repressão ao abuso no processo. Porto Alegre: Fabris Editor, 1997.

STRECK, Lenio Luiz. Crise de paradigmas: devemos nos importar, sim, com o que a doutrina diz. *Consultor Jurídico*, jan. 2006. Disponível em: https://www.conjur.com.br/2006-jan-05/devemos_importar_sim_doutrina. Acesso em: 25 nov. 2022.

TALAMINI, Eduardo. Produção antecipada de prova no Código de Processo Civil de 2016. *Revista de Processo*, v. 260, p. 75-101, out. 2016.

TARUFFO, Michele. Cultura e processo. *Rivista trimestrale di diritto e procedura civile*, Milano, v. 63, n. 1, mar. 2009.

TIMM, Luciano Benetti; TRINDADE, Manoel Gustavo Neubarth (coord.). *Aplicações do Direito e Economia no Brasil*. 1. ed. São Paulo: 2021.

THEODORO, Humberto Jr. *Curso de Direito de Processo Civil*. 56. ed. Rio de Janeiro: Editora Forense, 2015. v. I.

VASCONCELOS, Julenildo Nunes. *Direito notarial*: teoria e prática. Rio de Janeiro: Forense, 2006.

VOLPI, Elon Kaleb Ribas. Conciliação na Justiça Federal. A indisponibilidade do interesse público e a questão da isonomia. *Revista da Procuradoria-Geral da Fazenda Nacional*, a. 1, n. 2, p. 139-164, 2011. Disponível em: https://www.gov.br/pgfn/pt-br. Acesso em: 15 abr. 2023.

WATANABE, Kazuo. *Da cognição no processo civil*. 3. ed. São Paulo: DPJ, 2005.

WOLF, Lord. *Relatório final de Lord Wolf ao Ministério da Justiça Inglês*. 2009. Disponível em: http://webarchive.nationalarchives.gov.uk/+/http://www.dca.gov.uk/civil/final/sec3a.htm? Acesso em: 25 out. 2022.

YARSHELL, Flávio Luiz. *Antecipação da prova sem o requisito da urgência e direito autônoma à prova*. São Paulo: Editora Malheiros, 2009.

Esta obra foi composta em fonte Palatino Linotype, corpo 10
e impressa em papel Pólen Bold 70g (miolo) e Supremo 250g (capa)
pela Gráfica Star7.